Jakob Streit

Tiergeschichten

Tiergeschichten

erlauscht in den Waldwiesen
am Brienzer See
von

JAKOB STREIT

Illustriert von
Hans Peter Weber

Verlag Freies Geistesleben

17. Auflage 2025

ISBN 978-3-7725-2084-6

Verlag Freies Geistesleben
Landhausstraße 82, 70190 Stuttgart
www.geistesleben.com

Bei Fragen zur Produktsicherheit wenden Sie sich bitte an
info@geistesleben.com
Einbandillustration: Henriette Sauvant
Gesamtherstellung: ADverts printing house, Riga
Printed in Latvia

FSC www.fsc.org MIX Fördert gute Waldnutzung FSC® C106236

Druckprodukt mit finanziellem Klimabeitrag
ClimatePartner.com/18246-2508-1002

Inhalt

Im Winterwald 7
Igel und Schlange 12
Das Murmeltier erwacht 15
Biene und Maikäfer 18
Amsel und Maulwurf 22
Blindschleichen und Eidechsen 27
Reh und Fuchs 31
Das junge Häschen 34
Mücke und Wurm 39
Heuschrecke und Raupe 42
Grille und Schmetterling 45
Eidechse und Schnecke 47
Fisch und Teichmuschel 50
Adler und Murmeltier 53
Uhu und Fledermaus 55
Fliege, Spinne und Hummel 58
Kuh und Spatz 61
Stechfliege und Schwein 63
Hase und Maus 65
Eichhörnchen und Kröte 67
Ameise und Blattlaus 70
Schwalbe, Fischlein und Groppe 73
Ameise und Schnecke 78
Biene und Wespe 81
Glühwürmchen und Kröte 85
Hamster und Wurm 87
Der Schmetterling 90
Fledermaus und Mauerschwalbe 94

Im Winterwald

Immer wieder, wenn ich im Winter über das Feld schreite und eine dicke Schneedecke die Erde bedeckt, denke ich: «Wo sind wohl all die Tiere, die im Sommer so munter herumgesprungen sind? Was treiben jetzt wohl die Mäuse, die vor meinem Schritte ängstlich in ihre Löcher pfiffen? Wo ruhen die Schnecken, die gemächlich an dieser Mauer herumkrochen?»

Und wenn der Winterwind gar eisig die Schneeflocken mir ins Gesicht schlägt, dann denke ich an die Schmetterlinge, wie sie zu den Blumen schwebten, und an die Bienen, die emsig summend über der blühenden Wiese flogen: «Wo sind sie hingekommen, die lichten Sommervögel?»

Tret ich in den Winterwald, dann ächzt der Wind in den kahlen Zweigen, und von den hohen Tannen fällt hin und wieder eine Schneestaubsträhne rieselnd durch das Geäst zur Erde. Ich stehe still und lausche. Horch, war das nicht ein deutliches Klopfen? – Ich hör es wiederum.

Dort von der alten Buche kommt es her. Im Schnee lässt sich leise schreiten, und ich nähere mich unbemerkt dem Baume. Jetzt erblick ich ihn, den kleinen Specht, der in aller Kälte, vom Hunger getrieben, fest in die alte Rinde hackt, um ein armseliges Käferchen oder Würmchen hervorzupicken, das unter der Borke den Winter verschläft. Plötzlich wende ich mich mit einem Ruck: Ganz nahe raschelte es kräftig in einem Gebüsch. Hui, wie springt der Hase den Holzschleif hinauf, durch den die Holzer die Baumstämme vom Bergwald herunterlassen. Ich trete zum Busch, wo der Hase gelegen. Er musste lange hier verweilt haben; denn nur die eine Spur war zu sehen, die seine Flucht aus dem geschützten Versteck anzeigte. Den Schnee hatte er im Busch etwas zur Seite gescharrt und dürres Herbstlaub als Ruheplatz freigelegt. Armer Hase! Bist in steter Furcht vor Fuchs und Marder, und das saftige Grün der Wiesen und Gemüsegärten lässt noch lange auf sich warten.

Weiter stapfe ich durch den Waldschnee. Dort oben weiß ich eine Tanne, in deren Wipfel sich ein Eichhörnchennest befindet. Schon manchen Tag habe ich vergebens den Baum aufgesucht, es zu erspähen. Nur selten verlässt das Eichhörnchen im Winter seine Wohnung. Tagelang liegt es darin, zusammengekugelt, und schläft in dem schwankenden Wipfel. Jedoch der Hunger vermag es zu wecken. Heute habe ich mehr Glück. Kaum bringe ich mich hinter einem Baume in Deckung, bemerke ich, wie das braune

Tierchen den Baum herunterspringt. Nicht so eilig wie im Sommer hüpft es. Etwas schlaftrunken hält es von Zeit zu Zeit stille und blickt herum. Ich halte mich ruhig an den Baumstamm gepresst. Jetzt hat es den Boden erreicht. Es macht einige Sprünge, wobei es fast ganz im Schnee untertaucht, und zielt gegen eine Buche in nächster Nähe meines Versteckes. Es schnuppert herum und beginnt auf einmal sich im Schnee herumzuwirbeln. Wie ein Besen bürstet sein Schwanz den Schnee weg. Die Pfötchen helfen mit, und bald kommt eine dicke Baumwurzel zum Vorschein. Der Schnee friert es tüchtig an die Pfötchen. Plötzlich macht es ein Männchen, nimmt die Händchen hoch und leckt daran; ja, es steckt sie sogar in den Mund, sie zu wärmen. Mit großer Schnelligkeit beginnt es nun, Laub und Erde aufzukratzen. An dieser Stelle hat es gewiss im Herbst eine Nusskammer angelegt. Schau, nun hat es ein Buchnüsschen erwischt, emsig knabbert es daran. Gierig greift Eichhörnchen nach einem zweiten, einem dritten und immer mehr.

Dazwischen hält es wiederum inne und horcht in den Wald. Mich hat es nicht bemerkt hinter dem Baume; das Stillesein lernt man nirgends besser als beim Belauschen der Waldtiere. Das wäre für manchen Zappelfritz gut!

Wie Eichhörnchen satt ist, scharrt es wiederum Erde und Laub über das köstliche Versteck, wischt Schnee darüber und hüpft zu seinem Baume. Siehe, zwischen den Zähnen hat es eine Nuss eingeklemmt, die wird ins Nest gebracht. Es will sie wohl später dort oben in aller Ruhe schmausen. Wie es verschwunden ist, lenke ich meine Schritte zur Nusskammer, um zu besehen, was alles noch darinnen ist. Sorgfältig wische ich Schnee, Blätter und Erde weg. Mit dem Zeigefinger stochere ich die Grube auf. Da liegen noch Dutzende von Buchnüsschen und neun große Baumnüsse. Eichhörnchen ist mir gewiss nicht böse, wenn ich eine mitnehme, denke ich und stecke sie in die Tasche. Es ist ja Weihnachtszeit, da schenkt man gerne. Säuberlich decke ich den Schatz wieder zu und wische Schnee darauf. Das braune Kätzchen hat mich nicht gesehen. Sicher liegt es zusammengekugelt in seinem Nest, hält die Nuss in den Ärmchen und schläft eine gesegnete Weihnacht.

Der Abend dämmert, als ich heimwärts schreite. Dort drüben bei jenem Steine erschreckte mich im Sommer einmal eine Schlange. Nun liegt auch sie irgendwo in der Erdentiefe zu einer Spirale geringelt und hat vergessen, dass sie Gift in den Zähnen trägt. Wie ich aus dem Walde trete, fliegt hoch oben ein Rabe mit schwerem Flügelschlag dem Berge zu. Krah, krah … ruft er trostlos und leer über den Wald. Gewiss hat er seinen Hunger nicht stillen können auf dem Winterfeld und geht im Nest einer frierenden Nacht entgegen. Er wendet den Kopf hinüber gegen den See. Vielleicht wünschte er jetzt ein Fisch zu sein, um still geborgen auf dem Grunde des Wassers zu ruhen.

Die Nuss des Eichhörnchens habe ich in der Heiligen Nacht um die zwölfte Stunde gegessen, und seither vernehme ich noch deutlicher, was die Tiere im Verborgenen miteinander reden. Hiervon ist manches in den Geschichten aufgezeichnet, die hier zu lesen sind.

Igel und Schlange

Die Frühlingssonne scheint kräftig übers Feld, und ihre warmen Strahlen erwärmen das Erdreich. Wie die letzten Schneeflecken geschmolzen sind, hat die Schnecke ihren weißen Winterdeckel herausgestoßen. Sie reckt bedächtig ihre Hörnchen der Sonne entgegen und beginnt den ersten Frühlingsausflug auf dem Steingeröll unter dem Haselbusch. In einer Vertiefung, die ganz mit dürrem Laub überdeckt ist, regt sich ebenfalls etwas Lebendiges. Es zuckt und ruckt unter dem Laube, Blätter fliegen beiseite. Eine spitze Nase erscheint. Zwei Augen blinzeln in die helle Welt, und endlich tappt der Igel schläfrig hervor. Auf seinen Stacheln ist eine dicke Blätterdecke aufgespießt; in die hat er sich im Herbst eingerollt. Er schüttelt ab, was er kann. Der Rest wird sich von selber abstreifen, wenn er durch die Büsche kriecht. Plötzlich hebt er die Nase. Er hat einen süßen Schneckenduft eingesogen. Potz Blitz! Jetzt kommt Leben in seine Glieder. Er schnuppert und sucht bei den Steinen herum, bis er die Frühlingsschnecke gefunden hat. Schwups hat er sie geschnappt. – Aber das Eidechslein oben auf dem großen Steine ist noch flinker als der Igel. Kaum hat es seinen raschelnden Trapp vernommen, ist es in seinem Loch verschwunden. Denn lieber liegt es im Sonnenschein als in seinem finsteren Igelbauch!

Es war aber vom warmen Scheine im selben Gebüsche eine Schlange erwacht. Langsam kroch sie über die besonnten Steine und züngelte nach allen Seiten in die Luft. Seltsam starr und kalt glitzerten ihre Augen. Den giftigen Zahn trug sie tückisch versteckt. Auf einmal hob sie den Kopf höher, lauschte und züngelte heftiger. Sie hörte den Igel, der gemütlich von der anderen Seite heranrückte. Totenstill verharrte die Schlange und richtete einen stechenden Blick auf den merkwürdigen Burschen. Jetzt hatte auch der Igel sie erblickt. Er knurrte unwillig in seinen Bauch hinein und senkte die Stacheln vors Gesicht. Die Schlange zischte ihn an:

«Knurre nur! Ein einziger Tropfen Gift aus meinem Zahn ist genug für dein dummes Igelblut, und du liegst tot auf der Erde!»

«Du hast auch auf deiner Zunge freches Gift», sprach der Igel und rief fordernd: «Beiße nur, wenn's dich gelüstet, meine Stacheln sollen dich lieblich kitzeln!»

Zorniger funkelten die Schlangenaugen; doch passte sie listig auf den Augenblick, wo der Igel die Stacheln ein wenig zurücklege, um ihm mit einem Biss an die Nase zu zischen.

Der Igel jedoch überlegte: «Wenn ich sie nur schnell genug am Rücken packen könnte, das Giftspritzen würde ihr auf immer vergehn!» Er wusste: «Jetzt hat sie das Leben zu lassen oder ich.»

Die Schlange stellte sich etwas schläfrig, nahm aber umso schärfer jede Bewegung ihres Feindes in Acht. Der Igel war des Zuwartens bald überdrüssig. Er spannte unter seinem Bauche die Füße, zog die Stacheln noch ein wenig tiefer vors Gesicht und hopp – fuhr er auf die Schlange los. Er bekam sie am Rücken zu greifen und biss, dass es knackte. Vergebens schlug ihr Gift ins Stachelkleid; sie musste ihr Leben zuckend ins Gras verhauchen. Gemütlich fraß der Igel vom Schwanz zum Genick. Den Kopf ließ er liegen, wer möchte Schlangenaugen und Giftzähne fressen!

Das Murmeltier erwacht

Als im vorigen Herbst ein früher Frost die ersten Schneeflocken ins Gebirge wirbelte, jagte der Murmelvater seine Kinder tief, tief in die Höhlengänge hinein und sprach:

«So, nun legt euch ganz nahe beisammen und schlaft ein. Zu fressen gibt es nichts mehr, draußen regiert der Winter. Der drückt jetzt die Sonne hinter die Berge, und es wird kalt.»

Da fragte ein Murmelkind: «Was ist das, Winter?»

Der Vater antwortete: «Das ist ein großes Tier, das fährt auf einer Wolke, hat sieben Köpfe, und wo es auf die Erde schnauft, wird alles weiß. Da gibt's Schnee, der brennt kalt an den Füßen. Wenn ihr hinausgeht und das Wintertier euch anschnauft, so werdet ihr hart wie Stein und könnt nie wieder an der Sonne herumspringen und ein Männchen machen.»

Als die Murmelkinder dies vernommen hatten, krochen sie ganz zahm zuhinterst in die Höhle. Steine wollten sie nicht werden, und nie wieder ein Männchen machen? – nein! Sie kugelten sich brav zusammen. Nicht einmal in die Schwänze bissen sie sich zum Spaß, so sehr hatten sie vor dem Winter Respekt, der draußen vor der Höhle sein Unwesen begann. Nun verstopften die Eltern den Eingang mit Heu und Erde, dass kein kalter Luftzug mehr hereinwehen könne, und legten sich ebenfalls zur Ruhe. Die Erdenmutter, die alle Wesen nach ihrer Art hegt und pflegt, nahm bald ihre Seelen zu sich, und die Murmeltiere fielen in einen so tiefen Schlaf, dass ihr Atem kaum mehr ging und die Herzen beinah mit Schlagen aufhörten. Den ganzen Winter erwachen sie nicht, essen nicht, bewegen sich nicht. Es ist, als ob der Tod sie versteift hätte. Nur hin und wieder, ganz leise, gibt's in ihren Herzen einen schwachen Schlag, ein Zeichen, dass ihr Leben für den neuen Frühling bewahrt wird. Da kann draußen der stärkste Wintersturm heulen – in der tiefen Höhlenkammer merken die Schlafenden nichts. Da können die größten Lawinen über ihnen zur Tiefe donnern – sie schlafen ungestört weiter. Es ist vorgekommen, dass ein Jäger beim Einwintern ein Murmeltier ausgegraben hat, das schon schlief. Er konnte es im Rucksack zu Tale tragen, es erwachte nicht. Er konnte es mit einer Nadel stechen, es erwachte nicht. Als er es auf den warmen Stubenofen legte, fing es bald an zu zucken, erwachte und starb auf der Stelle. Jedes Murmeltier, das gewaltsam aus dem tiefen Winterschlaf geweckt wird, muss sterben. Doch wenn im Frühjahr die Sonne in ihrer wärmenden Kraft erstarkt und mit Blumen und Grün den Berg hinaufsteigt, dann regen sich allmählich auch die Murmeltiere in ihrer finsteren Höhle. Die Erdenmutter lockert ihren Schlaf; sie werden unruhig, wachen auf und fressen ein Büschel Heu. Der Murmelvater trottet schlaftrunken dem Ausgange zu, drückt mit der Schnauze den Verschluss aus Erde und Heu heraus und bleibt geblendet stehen. Wackelig ist sein erster Gang über die Bergwiese. In Haufen liegt an schattigen Stellen der Schnee umher. Bald kommen die Jungen nach. Wie sie den Schnee erblicken, meinen sie, das sei weißes Gras, stecken ihre Pfoten hinein und lecken daran.

«Puh! Wie brennt das eiskalt!»

Da spricht der Vater zu ihnen: «Seht, Kinder, das ist Schnee, den hat das Wintertier uns auf die Bergwiese gespuckt; aber die Sonne hat das Ungeheuer mit ihren Strahlen verjagt. Schon ruft sie uns Gras und Blumen hervor, dann könnt ihr euch fröhlich tummeln.»

Da machen die Jungen der Sonne ein Männchen und blinzeln ihr freundlich ins Gesicht.

Biene und Maikäfer

Ein dicker Maikäfer war vom Morgenwind aus einer Baumkrone ins Gras hinuntergefegt worden. Hier lag er halb erstarrt im Wiesengrunde auf dem Rücken, streckte die Beine in die Höhe und schlief. Erst als der Abend über die Felder dämmerte, erwachte er und sprach:

«Was lieg ich hier und strecke die Beine gegen den Himmel, während saftige Blätter an den Bäumen winken? Hopp, Maikäfer, flieg auf; das beste Baumgemüse wartet auf dich.»

Er zappelte mit seinen Füßen, bis er seitwärts einen Grashalm angehakt hatte, und richtete sich auf. Nun lockerte er seine Flügel und pumpte Luft in sich hinein, die ihn noch dicker aufplusterte, als er schon war. Er schwirrte kräftig mit den Flügeln; aber überall schlugen sie an die Gräser.

«Ich steige auf einen Turm hinauf», meinte der Maikäfer und krabbelte am dicksten Grashalme empor. Aber der Halm war glatt. So manchen Anlauf er auch nahm, immer wieder rutschte er hinunter, lag bald auf dem Kopfe, bald auf dem Rücken. Einmal gelangte er bis in halbe Höhe. Schon wollte er zum stolzen Flug ausholen, da neigte sich der Halm, und er lag flach auf dem Bauch. Da beschimpfte er wütend die dünnhalsigen Gräser, surrte mörderisch und schlug endlich allen Zorn in die Flügel, bis diese ihn mit lautem Surrgebrumm davontrugen. Schwirrend trieb es ihn gegen einen Buchenbaum, wo er die zarten Blätter gierig zerfraß. Wie der Käfer mitten im Schmausen war, fuhr ein kräftiger Luftstoß durch die Äste und schüttelte ihn ab. Beinah wäre er wieder ins wirre Gras gefallen; doch kurz über dem Boden vermochten seine Flügel den Wind zu fassen. Er schwirrte mit blindem Eifer höher und landete unversehens auf einem Apfelbaum, der in heller Blüte stand. Hier krallte er seine Hakenfüße fest und begehrte nach solch wildem Flug zu ruhen. Im Apfelbaum beflogen Bienen die honigduftenden Blüten. Leise summten sie von Kelch zu Kelch, streiften sich goldene Höschen an und sogen den süßen Saft. Die Sonne hob die späten Strahlen über die Wälder. An den höchsten Firnen und Felsen erglänzte das Abendrot. Stiller wurde es im Apfelbaum. Die letzten Bienen flogen honigschwer ins Bienenhaus zurück. Vom Buchenwald her surrte es immer stärker von Nachtschwärmern.

Der Maikäfer rührte sich und brummte: «Hier bleib ich nicht! Apfelbaumblätter sind mir viel zu zäh, und den Blütenfirlefanz mag ich nicht fressen.»

Eben kroch ein Bienchen aus einem Kelch. Es hatte die brummigen Worte wohl vernommen, die der Käfer gesprochen, und sagte zu ihm:

«Schilt mir die Blüten nicht aus! Sie alle sind ja Sonnenkinder!»

«Was, Sonnenkinder?», spottete der Maikäfer. «Die machen mir den Bauch nicht dick. Es ist gut, dass dieser Himmelsigel weg ist. Der brennt mit seinen Strahlen, dass man weder fliegen noch fressen mag!»

Das Bienchen war von dieser groben Antwort völlig eingeschüchtert. Es begriff nicht, wie jemand die Sonne beschimpfen könne, und zaghaft fragte es:

«Spürst du denn nicht den feinen Hauch, den sie aus jedem Blütenbecher zaubert?»

«Ich merke wohl, dass es stinkt», knurrte der Maikäfer, «das ertrag ich nicht länger!»

Damit hob er seine Flügel, surrte unmutig und flog hinüber in die Buchen.

Verwundert blieb das Bienchen auf dem Rande der Blüte stehen, schaute dem Maikäfer nach, bis er in der Dämmerung entschwunden war. Leise strich es mit den Fühlern über den Saum des Kelches, als ob es die Schimpfworte abwischen wollte, und sprach bei sich:

«Der kennt die Sonnenwelt auch nicht, der Maikäfer. Er weiß nicht, dass die Sonnenmutter auch die grünen Blätter sprießen lässt und ihn wärmt bei Tag und Nacht. Aber eben, die Maikäfer haben keine Königin, die ihnen von der Sonne erzählt, darum geht ihnen in der Welt nichts über ein gefülltes Bäuchlein.»

Das Bienchen schrak aus seinem Sinnen plötzlich auf: «Himmel, es ist ja bald Nacht.»

Es verließ den Apfelbaum und trug die Blüten-Sonnentropfen heimwärts ins still summende Bienenvolk.

Amsel und Maulwurf

Der Maulwurf gräbt sich tief im Boden lange Gänge. Gar flink scharren seine Schaufelfüße die Erde vorweg. Immer lüstert seine Spitznase darauf, ob ein Wurm oder Käfer bloßgelegt werde. Das sind ihm willkommene Burschen, die er auf der Stelle verzehrt. Es ist kaum zu glauben, was so ein Maulwurf alles zusammenfrisst. Die vielen Gänge, die er unter dem Rasen anlegt, sind zugleich Wurmfallen. Mancher Wurm, der hineingerät, meint zufrieden, er habe einen geräumigen Schlupfweg in der Tiefe gefunden, und bewegt sich gemächlich durch die breite Straße. Macht aber der Maulwurf Jagd durch die Gänge, so entgeht ihm nichts Lebendiges. Im Herbst stopft er große Kammern mit Würmern voll, wie es das Eichhörnchen mit den Nüssen tut. Denn er mag im Winter nicht schlafen, da könnte er ja keine Würmer fressen. Damit sie ihm aber nicht fortkriechen aus der Kammer, beißt er ihnen die Kopfspitzen ab. Gräbt er einen neuen Gang, so schiebt er die Erde mit kräftigen Stößen aufwärts und wirft über der Wiese große Erdhügel auf, die Maulwurfshügel. Einst, als so ein Maulwurf geschäftig seine Gänge grub, saß in der Nähe eine Amsel auf einem Baume und sang ihr Lied in die Morgenluft. Es war eine Stunde vor Tag. Plötzlich brach ihr Ton mitten im schönsten Triller ab. Sie hüpfte weiter auf den Ast hinaus und schaute verwundert zur Erde hinunter. Ganz deutlich hatte sie bemerkt, wie sich etwas von unten herauf regte, als ob jemand sich aus der Erde hervordrängen wollte.

«Was mag das sein?», dachte sie. «Wer will wohl aus dem großen Erdenei schlüpfen?»

Vor wenigen Tagen hatte die Amsel nämlich ihre Jungen aus den Eiern herausgepickt, und sie meinte, das gehe hier ähnlich zu. Da sich aber bei dem dunklen Hügel nichts mehr bewegte, blieb sie still auf dem Ast sitzen und sang am Lied weiter, das sie eben begonnen hatte. Noch war es nicht beendet, als es unten von Neuem stieß und drängte.

«Da will einer heraus», dachte die Amsel und flog zum Erdhügel herab, um dem ausschlüpfenden Vogel ans Licht des Tages zu helfen. Sie scharrte mit den Füßen und hackte mit dem Schnabel.

«Wie mag er aussehen?», dachte sie. «Ist er wohl so schwarz, wie ich es bin?»

Immer heftiger arbeitete sie an der Stelle, wo die lockere Erde sich am stärksten bewegte. Es war aber der Maulwurf, der von unten drängte. Er hatte im Sinne, vor dem Weitergraben einen Schnauf in frischer Luft zu ziehen. Mit einem kräftigen Ruck drückte er den Erdhügel durch, dass die Amsel von Erdkügelchen völlig überschüttet wurde. Erschrocken hüpfte sie beiseite und traute ihren Augen nicht, als sie den schwärzlichen Pelz vor sich sah, der mit spitzer Nase in der Luft herumschnüffelte. Der Maulwurf, dessen Augen von Pelzhaaren völlig überwachsen waren, bemerkte seinen Befreier nicht. Er schnupfte und schneuzte in die Luft. Endlich wagte die Amsel, ihn anzusprechen:

«Bist du nicht ein Erdenvogel? Ich meinte, du kämest soeben aus dem Ei. Ich wollte dir Futter suchen.»

Der Maulwurf, wie er die Stimme hörte, versuchte seine Äuglein ein wenig aufzublinzeln. Erst jetzt gewahrte er die Amsel und brummte:

«Hast ja zwei große Augen; schau mich recht an, dann weißt du, wer ich bin. *Das* sind meine Scharrfüße, *das* ist meine Nasenspitze!»

Verwundert beguckte die Amsel den Burschen und sprach:

«Ich meinte, was aus Eiern schlüpft, bekomme Flügel und wäre ein Vogel!»

Der Maulwurf brummte: «Eier, Flügel, Vogel – das geht mich nichts an! Ich weiß nur, was Würmer und Käfer sind, bei denen bin ich Fresskönig. Ich habe keine Zeit, mit dir das Luftgesinde zu beschwatzen; geh, lass den Würmerkönig in Ruh!»

Diese Worte sprach der Maulwurf mit hoch erhobener

Nase und kniff die Augen fest zu. Jetzt erst merkte die Amsel, was für einen seltsamen Vogel sie hervorgepickt hatte. Sie wippte mit dem Schwanze und lachte:

«Aha, ein Erdengrübler bist du, welcher meint, in der ganzen Welt sei der Regenwurm das Beste!»

«Das will ich meinen!», behauptete der Maulwurf stolz und merkte gar nicht, dass der Amsel das Lachen im Schnabel herumkugelte. Aber es ärgerte sie doch ein wenig, wie sicher dieser dicke Herr von seiner Krone sprach, und sie versetzte:

«Da du alle Tage nur deiner Nase nachläufst und schnüffelst, wächst sie immer spitzer und länger. Die Augen werden dir im Dunkeln blind. Siehst du nicht, wie dort über den Bergen der Morgenstern bleicht? Siehst du nicht, wie die Sonne die höchsten Wölklein im Rosenlicht erglänzen lässt? Siehst du nicht, wie an Blumen und Gräsern abertausend Tautropfen warten, um im ersten Sonnenstrahl farbig zu erglitzern?»

Der Maulwurf drehte den Kopf im Nacken herum und machte eine dumme Nase. Er sah wirklich nichts von dem, was die Amsel pries.

«Schau, die erste Lerche steigt auf», rief sie, «nun muss auch ich der Sonne mein Morgenlied zujubeln!»

Sie zwitscherte in die Luft, flatterte auf den Tannengipfel und sang ins flammende Morgenrot, und in ihr Lied stimmte bald ein großer Chor ein.

Auf dem braunen Erdhügel blieb der Maulwurf eine

Weile verdutzt stehen. Plötzlich begann er sich mit wütender Hast in den Boden einzuscharren. Es verschwanden Nase, Rumpf und der Zipfelschwanz. Als er tief unten atemlos mit Graben innehielt, meinte er zu sich selber:

«So schnell hab ich mich seit Langem nicht eingegraben!», und er machte vor Stolz ganz dicke Backen. Aber im Stillen gab er sich das Versprechen:

«In diesem Jahre gehe ich nicht wieder über die Erde zu den Vögeln ins Narrenhaus!»

Nichts Herrlicheres gibt es, als Regenwürmer zu fressen!

Blindschleichen und Eidechsen

Zwei kleine Blindschleichen waren in einer Erdhöhle zum Leben erwacht. Hier hatte sie ihre Mutter hineingelegt. Als der Hunger sich meldete, suchten sie winzige Würmchen. Die Blindschleichen wurden größer und länger. Die beiden versprachen sich aber, immer nahe beisammen zu bleiben. Sie nannten sich Schlumm und Schlom. Schlumm war bald der Größere. Er aß viel und war neugierig, wie die Welt beschaffen sei.

Schlom sagte: «Am liebsten würde ich immer nur hier unten in der Erde herumkriechen, Würmchen essen und schlafen.»

Schlumm sagte: «Komm mit! Dort vorne ist es hell. Da muss es etwas geben. Wenn ich ins Helle schaue, kitzelt es mich am Kopf an zwei Pünktchen. Kitzelt es dich auch, Schlom?»

«Ja», sagte dieser, «aber wenn's kitzelt, schließ ich bei meinen Pünktchen die Deckel darüber.»

«Jetzt geh ich!», meinte Schlumm und kroch gegen das Helle.

Schlom meinte: «Wenn du gehst, folge ich dir. Allein mag ich nicht hier bleiben.»

Je näher sie zum Ausgang kamen, umso heller wurde es. Doch als ein kleines Stücklein blauer Sommerhimmel in die Erdöffnung hineinschimmerte, meinte Schlom:

«Wart ein wenig, Schlumm, ich ertrag es schlecht! Jetzt kitzelt es nicht nur, jetzt brennen mich die Pünktchen!»

Schlumm war es recht, ein wenig zu warten. Wirklich, auch ihn brannte es am Kopf. Er wackelte ihn hin und her, schloss die Pünktchen auf und zu. Er sprach nach einer Weile:

«Jetzt brennt es nicht mehr. Komm, wir gehen weiter!»

Als Schlumm durch die Öffnung in die Helle hinausschlüpfte, musste er fest die Pünktchen schließen. Ein wunderbares Feuer wärmte und glühte über seinen Leib hin. «Komm, Schlom! Oh, wie ist's hier oben gut!»

Es war ein warmer Sonnentag, und die Strahlen spendeten viel Glanz und Wärme. Oben auf einem Stein hatte eine Eidechse beobachtet, wie die jungen Blindschleichen hervorgeschlüpft waren. Neugierig, wie Eidechsen sind, begab sie sich in die Nähe und beguckte sie. Schlumm erblickte plötzlich durch seine halb geöffneten Augen die grünliche Nachbarin, die hin und wieder mit dem Kopfe herumzuckte.

Er fragte: «Bist du unsere Mutter?»

Die Eidechse schüttelte sich vor Lachen; denn erstens war sie ein Männchen und zweitens eben eine Eidechse.

Sie kicherte: «Ihr seid unerfahrene Frischlinge!»

«Ich bin kein Frischling! Ich heiße Schlumm.»

«Aber eine Blindschleiche bist du! Hört mir zu! Ich gebe

euch ein wenig Eidechsenschule; denn schließlich seid ihr mir verwandt, auch wenn ihr keine flinken Beine habt wie ich. Passt auf! Wir haben *eine* große Mutter in dieser Welt. Das ist die Sonne. Die wandert oben, wo's blau ist.»

«Kann man sie mit dem Zünglein berühren?», fragte Schlumm.

«Nein, die wandert sehr hoch. Dann gibt es oben die weißen Wolken. Wenn der Wind hineinfährt, lassen sie Regen fallen, und die Welt wird nass. Da verkrieche ich mich. – Dann gibt es die zweibeinigen Menschen. Die kleinen davon wollen mich immer fangen. Aber noch hat keiner mich erwischt.»

«Frisst uns der kleine Mensch?», fragte Schlom.

«Ich weiß es nicht. Aber es gibt solche, die quälen die Tiere. Einmal kam ein Eidechsenbruder, den ein kleiner Mensch gefangen hatte, mit abgebrochenem Schwanz heim. Und einmal erzählte mir eine Blindschleiche, ein kleiner Mensch habe sie in einen hölzernen Kasten gesperrt und hungern lassen.»

«Sind alle Menschen böse?», fragte Schlumm.

«Nein, viele machen schöne große Augen, wenn sie uns sehen, betrachten uns lange und tun uns nichts zuleide. Wenn sie aber nahe kommen, husch, bin ich weg! – Schaut, dort drüben kommen zwei, ein großer und ein kleiner. Ich verschwinde!»

Bevor Schlumm und Schlom sahen, wie's geschah, war die Eidechse fort.

Der kleine Mensch rief: «Vater, da hat sich was bewegt. Sieh, eine junge Schlange! Muss man sie töten?»

«Nein, dummer Junge. Man tötet keine Schlangen, man tötet auch keine Blindschleiche. Sie alle dürfen sich an der Sonne freuen wie wir.»

«Vater, es sind zwei!»

«Komm, ich nehme sie auf die Hand, dann darfst du sie streicheln.»

Der große Mensch bückte sich und nahm Schlumm und Schlom in beide Hände, die er wie einen Becher hielt. Schlumm züngelte und zitterte. Schlom war vor Schreck ganz starr geworden. Da fuhr etwas wie ein großes Zünglein über seinen Rücken und streichelte.

Und jetzt sahen Schlumm und Schlom die zwei hellen, großen Augen des kleinen Menschen. Und ein warmer Atem blies über ihren Rücken.

Der kleine Mensch sprach: «Vater, darf ich sie heimnehmen und in eine Kiste tun?»

«Nein, die lassen wir hier in der Natur. Da sind sie glücklich und zufrieden. In der Kiste wären sie traurig und verloren.»

Und da beugte sich der große Mensch und legte Schlumm und Schlom wieder sachte ins Gras. Nach einer Weile schritten die Menschen weiter.

Schlumm aber sagte: «Du, Schlom, ich glaube, das waren Menschen von der guten Art. Wir haben Glück gehabt!»

Reh und Fuchs

Auf einer Waldwiese graste ein Reh. Dunkle Tannen breiteten ringsumher ihre schützenden Äste. Einsam flatterte ein zitronengelber Falter über das moosige Gras. Er flog in der Nähe des Rehes vorbei; aber es beachtete ihn nicht. Und der Schmetterling stieg höher empor zwischen den Tannenbäumen, um die Strahlen der Abendsonne aufzusuchen. Von Zeit zu Zeit hob das Reh ruckweise seinen Kopf und horchte gespannt in den Wald hinein. Die langen Ohren vernahmen das Pfeifen der Vögel, hörten den Specht klopfen, Tannzapfen fallen, und leise rauschten die Bäume. Diese Waldmusik war ihm lieb und wohl vertraut. Wenn nur der Fuchs sich nicht merken lässt oder der schleichende Schritt des Jägers. Wiederum senkte es den Kopf und graste; dann hob es die schmalen Beine zu leichtem Schritt und legte sich am Rande der Waldwiese bei einem Gebüsch zur Ruhe.

Nahe bei diesem Waldgarten schlich eben ein Fuchs aus

seiner Höhle, worin er den Tag verschlafen hatte. Hunger trieb ihn durch den Wald. Er hob die Nase schnuppernd in die Luft und bewegte dazu unruhig seinen rötlichen Schwanz. Leise tastete er sich mit den Pfoten über den Waldboden. Er duckte sich an Baumstämmen und Steinen vorbei. Von Zeit zu Zeit verweilte er in einer Vertiefung des Bodens und ließ Ohren und Nase von Neuem kundschaften.

«Maus oder Vogel, wenn's nur was Lebendiges ist», sprach er bei sich, spitzte die Ohren und schlich weiter. Er schlug die Richtung gegen den Waldgarten ein. Dort ruhte immer noch das Reh unter dem Busche. Es war ein junges. Friedlich knabberte es an einem Blatt, leckte sein Fell und wie in halbem Schlafe fielen ihm die Augen zu. Jetzt hatte der Fuchs es mit seiner spitzigen Nase gewittert. Leise schlich er näher und schaute mit stechendem Blick durch den Busch.

Er dachte: «Wenn's nur Winter wäre! Im hohen Schnee versinken die Reh-Steckenbeine; da wollt ich es bald zu Tode gejagt haben. Aber leicht entwischt es mir hier im Walde. Wie muss ich es anstellen, dass ich es packe?»

Wie der Fuchs von Neuem hinschaute, gefiel ihm auch das Zackengeweih schlecht. Er wusste nicht recht: «Soll ich? Soll ich nicht?»

Aufgeregt zuckte er mit dem Schwanze herum und schlug unversehens an einen dürren Zweig, der hinter ihm am Boden lag. Husch – sprang das Rehlein auf, blieb einen Augenblick steif und starr stehen und eilte wie der Wind in leichten Sprüngen tief in den Wald hinein, bevor der Fuchs ihm nachsetzen konnte. Zornig wendete dieser sich um und biss knurrend in seinen Schwanz. Am liebsten hätte er ihn aufgefressen vor Wut. – Und das Rehlein war weit, weit weg …

Das junge Häschen

Einer Hasenmutter war von drei Jungen nur noch eines verblieben. Das Älteste hatte die Krähe genommen, das Zweite war ihr entlaufen; ein Fuchs oder Marder musste es zerrissen haben. Das Jüngste und Kleinste war ihr verblieben. Kaum ließ sie es jemals von ihrer Seite; das wollte sie nicht verlieren. Schlief die Mutter mit ihm im Haselbusch, so bedeckte sie es mit einem Pfötchen. Fraß sie Grünes, so tummelte das Junge um sie herum. Es war gar scheu; beim Waldbach schrak es zusammen, wenn ein Wassertropfen an seine Nase spritzte. Es trank ja noch kein Wasser, fraß kein Kraut: es sog an der Mutter die Hasenmilch, wenn es Durst und Hunger verspürte. Ihr Nest war in einem Dickicht des Waldes gut verborgen. Die Alte hatte eine Vertiefung in die Erde gescharrt, Laub und Moos hineingebracht und sich vom eigenen Fell Haare ausgerupft, es zu polstern. Wenn sie das Versteck alleine verließ, so deckte sie das Junge sorgfältig zu und schärfte ihm ein:

«Verlass mir das Nest nicht! Kommt ein Tier in die Nähe, so stelle dich totenstarr.»

Einmal, als die Alte weg war, schlief das junge Häschen eine Weile; aber allmählich wurde es ihm langweilig. Es kroch aus dem Laub, machte einige Hupfer und gebärdete sich immer übermütiger.

«Das geht wohl noch lange, bis die Mutter zurückkommt», sprach es, «ich mache heute auch einen kleinen Spaziergang.»

Munter sprang es aus dem Gebüsch und hoppelte über das weiche Moos durch den Tannenwald. Auf einmal blieb es stehen; denn vor seinen Füßen bewegte sich langsam eine braune Waldschnecke. Mit ausgestreckten Hörnchen betastete sie den Weg. Häschen reckte seinen Kopf vor; aber da berührte eines seiner Schnauzhaare die Schnecke, und schleunig zog sie ihre Fühler ein. Häschen lachte:

«O du ängstlicher Kriecher, von einem weichen Härchen lässt du dich schrecken!»

Es ließ die Schnecke stehen und hüpfte weiter. Wie es über eine Baumwurzel sprang, bemerkte es zwei Waldameisen, die kräftig einen toten Käfer gegen einen großen Erdhaufen zerrten, auf dem es überall wimmelte. Natürlich beguckte Häschen das krabbelnde Treiben. Es beachtete nicht, dass es sich auf einige wandernde Ameisen gesetzt hatte, die sich alsbald in sein Fell hineinarbeiteten. Andere kamen heran und stiegen ihm über den Buckel hinauf zu den Ohren. Solange sie ins Haarfell bissen, achtete Häschen nicht darauf; aber plötzlich wurde es heftig in die Löffel gezwackt. Es tatzte darüber; schon hatten andere Krieger sich auf die empfindliche Fellhaut durchgearbeitet, und alsbald begann ein mörderliches Brennen am ganzen Leibe. Mit gewaltigen Sätzen sprang das Häschen in die Luft, wirbelte herum; aber die Zwacker hatten sich an verschiedenen Stellen festgeklemmt. Es nahm Reißaus und raste von Schmerzen gehetzt durch den Wald immer weiter und weiter. Atemlos hielt es von Zeit zu Zeit inne, kratzte und biss sich in den Pelz. So befreite es sich nach und nach von den erlahmten Beißern. Aber wo war es hingerannt? Fremde Bäume standen umher. Es lief kreuz und quer, nirgends kannte es sich aus; es wusste keinen Weg und keine Richtung heim ins Nest. Und doch lief es immerzu. Da es schon dunkelte, fielen von oben her Regentropfen, und plötzlich dröhnte ein gewaltiges Rollen über dem Wald. Ein heller Schein flammte auf. Die Furcht des Häschens wurde größer, als es bemerkte, wie die Vögel mit ängstlichem Schreien ihre Nester aufsuchten. Es begann am ganzen Leibe zu zittern und dachte:

«Was ist das wohl für ein riesiges Ungeheuer, das so schrecklich brüllt?»

Über dem Walde ging ein Gewitter nieder. Das Häslein schlüpfte in eine kleine Höhle unter den dicken Wurzeln eines uralten Baumes. Sein Herz klopfte zum Zerspringen. Auf der feuchten Baumwurzel kroch eine Waldschnecke gegen das verborgene Tierchen; die ließ sich vom Regen und Donner nicht stören.

Als das Häschen sie erblickte, fragte es leise: «Schnecke, sage mir, was ist das für ein schwarzes Gespenst, das so furchtbar brüllt und Feuer auswirft?»

Da antwortete die Schnecke: «Das ist Vater Blitz und Donner und sein Lausbub, der Wind. Der rüttelt alle Bäume und Sträucher, dass sie fleißig wachsen. Mutter Wolke schüttet ihnen Regen zu den trockenen Wurzeln. Vater Blitz schickt ein starkes Himmelsfeuer zur Erde, davon bleibt sie lebendig und frisch.»

Kaum hatte die Schnecke ihre Weisheit dem Häschen berichtet, als ein Blitz in aller Nähe in einen Baum schlug. Das Häschen fuhr entsetzt aus der Höhle heraus und blieb wie tot bei einem Steine liegen. Der prasselnde Regen schlug jetzt durch alle Äste hindurch und nässte seinen Pelz, blieb kein Haar trocken daran. Die Schnecke hatte kein Hörnchen verzogen und freute sich, dass sie auf der nassen Wurzel viel rascher vorwärts kam als vorher, wo sie noch trocken gewesen. Endlich hatte sich das Gewitter völlig entladen. Der Regen ließ nach, der Donner verging.

Vor dem ersten Regen war die Hasenmutter zu ihrem Nest zurückgekehrt und hatte es leer angetroffen. Sie suchte in den Büschen und fand ihr Junges nicht mehr. Große Angst ergriff sie. Wie sie den Boden beschnupperte, merkte sie die Spur des fortgelaufenen Kindes. Sie folgte ihr nach, kreuz und quer durch den Wald in allem Gewitter.

Und sie kam endlich zu der Wurzelhöhle, worin das kleine Kind gelegen. Auch hier war es nicht mehr. Aber was lag dort drüben beim Stein? – Ja, es war ihr Junges, steif vor Schrecken lag es da, wie tot. Die Häsin hüpfte an seine Seite und beleckte zärtlich den Kopf und die angelegten Ohren. Siehe, da schlug es weit die Augen auf.

«Mutter, bist du hier!», jauchzte es und sprang ihr freudig zu. Sie schimpfte nicht mit ihm, die Hasenmutter; immer wieder beleckte sie sein nasses, struppiges Fell, lagerte sich zu ihm und ließ es saugen. Dann führte sie den Ausreißer in der Dunkelheit in das Nest zurück. Im nassen Laub legten sie sich eng aneinander.

Bevor sie einschliefen, meinte das Häschen: «Mutter, Waldschnecken sind merkwürdige Leute; die fürchten weder Donner noch Blitz und haben Angst vor einem Hasenhaar.»

Mücke und Wurm

Nach einem Gewitterregen schien zwischen Wolken warmes Sonnenlicht über die feuchte Erde. Aus Blatt- und Buschverstecken tanzten muntere Mücken hervor. In leichten Schwärmen schwebten sie auf und nieder. Oft riss sie ein Windstoß auseinander; aber sie fanden sich immer wieder zu fröhlicher Gesellschaft. Bald flimmerten sie über der Wiese, schwebten hinüber zum Bach. Hui, wie schoss die Forelle hoch in die Luft und schnappte nach den zarten Beinchen. Ein Vogel pfeilte durch den Schwarm und verschluckte eine Mücke in vollem Fluge. Er merkte kaum etwas davon und dachte:

«Ein rechter Ackerwurm ist mir lieber als ein ganzer Schwarm luftiger Mücken!»

Gegen Abend, wie die Sonne sank, schwebte eins ums andere sachte zur Erde herab. Sie suchten für die Nacht einen geschützten Ort in Gebüsch und Wiesengras. Einige krochen zwischen Steine, andere bargen sich in den

Schollen des Ackers. Die letzte Mücke, die sich niedersenkte, landete in einem Garten und schlüpfte in eine Erdspalte hinein. Noch zitterten ihre Flügel leise vom Sonnenweben. Allmählich beruhigte sie sich, und der Schlaf strich über sie. Plötzlich bewegte sich unter ihr die Erde. Beinahe wäre sie umgefallen. Sie erwachte. Hatte ihr geträumt? – Nein, wieder stieß und ruckte es unter ihren Beinchen. Erschrocken trippelte sie seitwärts. Da kam neben ihr aus dem Boden die Spitze eines dicken, roten Regenwurmes zum Vorschein. Er dehnte sich unheimlich lang aus, bis er sich völlig herausgestoßen hatte. Nach der mühsam errungenen Freiheit schien er ein wenig verschnaufen zu wollen. Die Mücke betrachtete das seltsame lange Ding und fragte bei sich: «Ist das wohl auch ein Tier?»

Angst hatte sie nicht vor ihm, und so redete sie den Ruhestörer an:

«Du bist ein merkwürdiger Besuch! Sag einmal, wie kannst du laufen und hast keine Beine?»

Der Wurm wackelte mit seiner Kopfspitze herum und gab ein leises Gurgeln von sich, als ob er lachte:

«Höö – ich schrumpf und streck, ich schrumpf und streck!»

Verwundert meinte das Mücklein: «Wo willst du denn hingehen? Die Sonne ist längst gesunken; dunkel wird es über Wiese und Wald. Geh auch schlafen!»

Der Wurm ringelte sich vor Vergnügen und lachte schon viel stärker: «Hö, höö – ich schlafe, wann's mir passt. Ich kenne keine Sonne, die mir etwas zu befehlen hat. Ich will in einem Dreckwässerlein baden gehn.»

Die Mücke begriff nicht, dass ein Wurm nicht viel von Sonne weiß, und sprach: «Wie, du kennst die Sonnenmutter nicht, die den Tag bringt, die erstarrten Tierlein wärmt und die ganze Welt mit ihrem Licht erfüllt?»

Jetzt hatte der Wurm verstanden, worum es ging, und er antwortete erschrocken: «Hu, hu! Meinst du den großen Himmelsigel, der so viele stachlige Strahlen hat? Der trocknet uns Würmern die Haut aus, bis sie hart und steif wird. Diesem bissigen Stacheltier will ich lieber nicht begegnen, so wenig wie dem Gartenigel, der mich von vorn bis hinten fressen würde!»

Ohne gute Nacht zu sagen, ließ der Wurm das Mücklein stehen und kroch weiter: schrumpf und streck, schrumpf und streck …

Heuschrecke und Raupe

An einem Sommermorgen schritt ein Bauer mit der Sense auf die Wiese hinaus. Gras und Kräuter waren behängt mit abertausend Tautropfen. Im Gehen bemerkte der Bauer, wie sie in glänzenden Farben auffunkelten, als ob der Sternenhimmel über Nacht ins Gras gefallen wäre. Der Bauer wetzte die Sense und schritt tüchtig in das frische Grün. Die Sonne war eben aufgegangen, und bald war das Tauglänzen weg. Da sprach der Bauer zufrieden bei sich selbst:

«Heute gibt es gutes Heu; die Sonnenwärme trocknet rasch.»

Auf dieser Wiese gab es besonders viele Heuschrecken. Vor dem Schnitt der Sense flohen sie in Schwärmen nach allen Seiten. Als der Bauer später am Morgen noch mit der Gabel das Gras ausbreitete, sprangen sie wiederum aufgeregt herum. In heller Flucht hüpfte ein großer, langbeiniger Kerl über einen Zaun auf ein anderes Wiesenstück. Noch einige Sprünge, und er saß oben auf einem Gebüsch. Hier fand er endlich Ruhe. Die Sonnenstrahlen wärmten der Heuschrecke ihren grünen Rücken; es wurde ihr so wohl zumute, dass sie anfing, mit den langen Hinterbeinen zu jucken und – zirrp, zirrp, zirrp strichen sie zitternd über die kurzen Flügel. Die Heuschrecke war selig mit ihrem Sonnenkonzert beschäftigt und bemerkte nicht, dass am selben Blatt, worauf sie saß, eine Raupe herumkroch. Mit kurzen Stumpelfüßchen bewegte sie sich gar langsam. Plötzlich brach das Zirpen ab. Die Heuschrecke erblickte den seltsamen Gast, und sie meinte halb ärgerlich:

«Was kommt denn da für ein Geschöpf? Sind das deine richtigen Beine, oder hat sie ein Vogel dir abgepickt?»

Das liebte die Raupe nicht, dass man über ihre Beinchen spottete, und sie wispelte:

«Meine Füßchen sind mir gut genug, an den schmalsten Halmen kann ich mit ihnen hinaufkriechen.»

Die Heuschrecke protzte: «Schau mal meine Riesenbeine an; die sind ja länger als dein ganzer Leib.»

Sie streckte ein Hinterbein gewaltig aus und meinte:

«Mit dir sollte ich eigentlich kein Wort reden, du armseliger Dummfuß!»

Das Räupchen begann still am Blattrand zu knabbern und schwieg.

Die Heuschrecke gab aber keine Ruhe und sprach stolz: «Der Sonnenstrahl ruft mir zu, ich hätte die längsten Beine unter den Tieren der Wiese; darum spiele ich ihm ein prächtiges Konzert. Gewiss scheint die Sonne heute nur meinetwegen so herrlich warm!»

Das Räuplein fraß weiter und schwieg. Was die Sonne ihm durch die zarte Haut zusang, wollte es der Heuschrecke nicht verraten, sie hätte ihm keinen Glauben geschenkt.

«Du bist eine langweilige Gesellschaft», meinte die Heuschrecke und dehnte ihre Beine. Darauf zog sie dieselben unter den Leib, machte knacks – und hüpfte mit einem gewaltigen Bogen ins Blaue.

Die kleine Raupe schaute hinauf zum Sonnenstrahl. Was sang er ihr zu? Leise vernahm sie aus dem Sonnenton: «Du wirst Flügel bekommen! Du wirst Flügel bekommen!»

Das Lied wiegte sie in einen Schlaf, und ihr träumte, ihre zarte Haut werde gar hart. Sie sah sich von Elfenhänden getragen, die woben ihr herrliche Farbenflügel. Mit ihnen hob sie sich bald in die Lüfte und flog als farbiger Schmetterling über eine sonnige Blumenwiese. Das war der Traum, den die Raupe auf dem grünen Blatt vom Sonnenstrahl vernahm.

Grille und Schmetterling

Im tiefen Erdloch saß eine Grille im Dunkeln. Ihre Glieder waren erstarrt von der Kälte der Nacht; sie war tief in den Boden hinabgedrungen. Da nun die Wärme des Tages hinunter in ihre Kammer drang, reckte sie sich und lief die Erdhöhle hinauf. Oben in der hellen Sommerwelt zirpte, pfiff und sang es. Der Grille juckten die Flügel. Erst langsam und leise, dann immer kräftiger und schneller zirpte auch sie ihren Ton über die Wiese.

Zu den Blumen flogen Bienen, Hummeln und Schmetterlinge. Das Summen der Bienen war leise; kräftiger und gemütlicher brummten die Hummeln; nur die Schmetterlinge schwebten so still und sachte wie Schafwölklein droben am Himmel. Jetzt flatterte einer um eine Blume, die nahe beim Grillenloch blühte. Er setzte sich am Rande eines Blütenkelches nieder, trippelte der Kelchmitte zu und sog den Nektarsaft. Die Grille staunte, als sie die prächtigen Farbenflügel über sich erblickte, und dachte bei sich:

«Der kann gewiss eine laute und wundervolle Musik machen, die möchte ich gerne hören.» So rief sie keck hinauf: «He du, mach auch mal Musik! Du flatterst herum, guckst in alle Blumen, und man hört kein Liedchen, keinen Ton von dir.»

Der Schmetterling blickte über den Blütenrand hinunter auf die schwärzliche Grille und antwortete: «Ich kann weder singen noch pfeifen; ich grüße die Blumen, das ist mein Tagwerk. Zu deiner Musik tanzen meine Flügel gerne, spiel du nur zu!»

Da gab sich die Grille zufrieden und zirpte wiederum kräftig mit ihren kurzen, harten Flügeln. Der Schmetterling hob sich aufwärts und gaukelte farbenfröhlich über das Feld. Die Grille beachtete kaum, dass die Sonne unterging; sie spielte weiter bis tief in die Nacht hinein. Endlich, als die Sterne sanft herunterflimmerten, legte sie ihre Flügel brav auf den Rücken und schlüpfte ins Loch hinab.

Sie murmelte: «Es ist gut, dass wir Grillen die Sterne hervorgeigen, sonst wären schwarze Nächte über der Erde. Grillenmusik ist eine gute Musik! Grillenmusik ist Sternenmusik!»

Eidechse und Schnecke

Bei einem Steinhaufen kroch die Schnecke ihren stillen Gang. Zufrieden tasteten ihre Hörnchen voran. Da schlüpfte neben ihr eine Eidechse zu einem Steinloch heraus und streifte im Vorbeipfeilen eines der Hörnchen. Erschrocken zog die Schnecke alle viere in sich hinein und dachte: «Was mag das für ein Blitz gewesen sein?»

Scht … die Eidechse saß oben auf einem Stein und schaute mit glitzrigen Äuglein hinunter. Über eine Weile hörnelte die Schnecke wieder.

Sie bemerkte den Nachbarn und fragte: «He, bist du der schnelle Steinblitz gewesen, der mir ein Hörnchen gebogen hat? Kannst du nicht besser Acht geben, wenn Schnecken spazieren?»

Die Eidechse sonnte sich schon seit vielen Tagen auf diesen Steinen und sah die Schnecke heute zum ersten Mal bei ihrer Behausung.

Sie sprach: «Was streichst du hier herum und beschmutzest meine Steine mit Schleim?»

«Wo ich bin, ist mein Haus!», erwiderte die Schnecke. «Schau auf meinen Buckel, ich trag es immer mit mir. Von deinem Hause merke ich nichts; die Steine hier sind nicht auf deinem Schwanz gewachsen!»

Die Eidechse ärgerte sich über die Worte der Schnecke und überlegte: «Diesem Schleicher will ich zeigen, was Schnelligkeit ist!»

Munter sprach sie: «Siehe, Schnecke, dort ist meine Höhle, wo ich ein- und ausschlüpfe. Viel schneller schlüpfe ich als du. Hundertmal schlüpfe ich ein und aus, bevor du ein einziges Mal hineingekrochen bist. Schau nur!»

Eidechslein schoss bei seiner Höhle aus und ein, dass es der Schnecke vor ihren Augen nur so flimmerte.

«Halt ein!», rief sie, «mir schwindelt!»

Eidechsleins Augen blitzten. Nachdem sich die Schnecke eine gute Weile besonnen hatte, meinte sie: «Hör, Eidechse, ich kann hundertmal langsamer hineinschlüpfen als du; das ist die viel größere Kunst. Schau her!»

Schon fingen ihre Hörnchen an zu schrumpfen. Verwundert schaute die Eidechse, wie nach und nach die ganze Schnecke in ihr Häuschen verschwand. Aber sie kam gar nicht wieder heraus und blieb unverrückt am Stein kleben. Da legte sich die Eidechse droben wieder an den wärmsten Ort und blinzelte mit dem Sonnenstrahl. Der schien der Schnecke hitzig aufs Dach. Plumps – fiel sie hinunter ins schattige Kraut und blieb liegen. Gegen Abend, als einige Regentropfen fielen, huschte die Eidechse in ihr Loch hinein. Da kam die Schnecke endlich wieder hervorgekrochen. Wie sie von Regentropfen genässt wurde, schmunzelte sie:

«Es ist gut, dass die Wolkenmutter schüttet; da verschwinden die Zappelschwänze in ihre Löcher, und friedliche Leute können ungestört einen stillen Spaziergang machen.»

Fisch und Teichmuschel

Tief auf dem Grunde eines Teiches schwamm ein Fischlein zwischen Wasserkraut. Oft verweilte es lange am selben Orte und fächelte leise mit den Flossen. In seiner Nähe schob sich langsam eine Teichmuschel über den sandigen Boden. Im trüben Lichte sah es aus, als ob ein Stein sich dahinbewegen würde. Das Fischlein schwänzelte herbei, beguckte die harte Muschel von allen Seiten und konnte nicht begreifen, wie ein Stein spazieren könne; denn es hatte das kleine Füßchen nicht wahrgenommen, das unterhalb der Muschel zu einer Spalte herausragte. Mit diesem schob sich die Muschel weiter. Plötzlich bemerkte das Fischlein seitlich eine schmale Öffnung. Es schwamm herbei, um hineinzugucken. Die Spalte schloss sich zu.

«Aha», dachte das Fischchen, «da wohnt einer darin und hat gewiss Angst vor mir. Ich will ihn rufen.»

Es schwamm völlig an die Muschel heran und sagte: «He da drinnen, du Schalenhocker, komm heraus, ich beiße dich nicht!»

Aus der Muschel brummelte es leise: «Was soll ich draußen? Mir gefällt es hier innen besser.»

«Komm doch heraus; ich möchte deinen schönen Schwimmschwanz schauen.»

«Ich habe keinen Schwimmschwanz», brummelte die Muschel.

Das Fischlein gab keine Ruhe; zu gerne hätte es das Schalentier herausgelockt. Es sprach: «So komm doch heraus, dann darfst du dich an *meinen* Glitzerschuppen freuen!»

«Ich habe keine Augen», gab die Muschel zurück.

Erregt schwamm das Fischlein um sie herum und rief: «Was soll man glauben? Du hast keinen Schwanz, keine Schuppen, keine Augen … ja, hast du denn gar nichts als beide Schalen voll Haut?»

«Den Wassertraum hab ich», sprach die Muschel leise, «den tausche ich nicht für deine Schuppen, den tausche ich nicht für deinen Schwanz.»

«Oh, so erzähle mir davon», bat das Fischlein.

Die Muschel sprach: «Erzählen kann ich nicht davon. Jeden Tag male ich den Traum an meine Schalenwand; davon will ich dir etwas zeigen, dann aber lass mich in Ruhe.»

Behutsam öffnete die Muschel ihre Schalen, und das Fischlein sah im Innern wundersame Farben schimmern: Rot, Grün, Blau, Violett … das war ein heimliches Schillern und Leuchten.

«Oh, wie der Regenbogen beim Wasserfall!», wollte es

rufen; aber da schloss sich das Tor schon wieder zu, so leise wie es aufgegangen. Die Muschel legte sich leicht auf die Seite und blieb unbeweglich liegen. Aber aus aller Nähe verspürte das Fischlein an seinen Flossen, wie das Wasser ein- und aushauchte in den Muschel-Wassertraum. Lange noch schwebte es bei der Schale herum, die außen sandig und grau aussah und im Innern die schönsten Wunder barg, die es je gesehen.

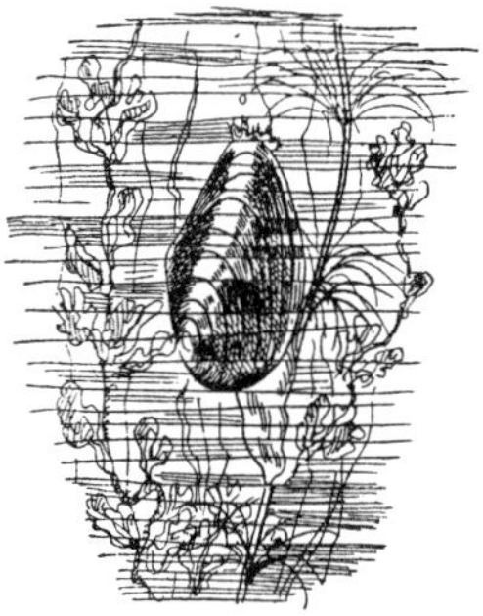

Adler und Murmeltier

Wenn über den Bergen der Morgenstern bleicht, erwacht im hohen Felsennest der Adler und schüttelt sein Federkleid. Er schaut hinauf gegen den Himmel. Da sieht er die feinen Morgenwölklein rosenrot schimmern im Frühlicht der steigenden Sonne. Das Morgenlicht ist seine Freude. Mit einem Sprunge ist er auf dem Rand des Nestes, hebt die Flügel und schwingt sich in die Luft. Höher als die Berggipfel kreist er empor, bis sein Federkleid in der Sonne erglänzt. Jetzt schlagen ihre Strahlen an die höchsten Bergspitzen und senken sich nach und nach tiefer zu Alp und Tal. Unten am Berghang erleuchten sie den kleinen Eingang einer Höhle. Eben schlüpft ein fettes, pelziges Murmeltier heraus. Halb verschlafen blinzelt es in die Sonnenwelt und macht ein Männchen.

Das kann der Murmel gut: er sitzt auf seinem dicken, kurzen Schwanz. Wie er herumäugelt, sieht er hoch oben den kreisenden Adler und brummt: «Das ist auch einer, der mich fressen möchte; da bleib ich nahe beim Loch!»

Nun frisst er saftige Kräutlein; aber immer wieder mändelt er und guckt aufwärts. Mit eins legt er die Pfoten auf sein Bäuchlein und lacht:

«Oh, was sind doch diese Adlervögel für dumme Leute! Sie könnten gemütlich auf der Erde herumpicken und fliegen in die Wolken hinauf, wo's einen schwindelt und graust. Es gibt doch nichts Schöneres, als den langen halben Tag auf einem heißen Steine liegen, saftige Gräslein rupfen und am Abend zufrieden ins Loch hinein.»

So sprach der Murmel, ließ sich nieder auf alle viere und tätschelte mit dem Fettschwanz den Boden. Er beachtete nicht, wie der Adler eben die Flügel zusammenlegte und wie ein Pfeil herunterschoss. Schon brauste es über ihm, und scharfe Krallen hackten in seinen Pelz.

Aufwärts flog der Adler, wie auch der Murmel zappelte: «Ich will ins Loch, ich will ins Loch!»

Uhu und Fledermaus

Die Mondsichel leuchtete mit schwachem Schein am Abendhimmel; bald verging das letzte Dämmerlicht. Zu dieser Stunde saß auf einer alten Mauer der Uhu und rief ein lang gezogenes, hohles U ins Tal hinunter.

«Uhuu – uhuu!»

Seine Krallen griffen fest ins Gemäuer, und starr blickten die unheimlichen Augen zur Tiefe: «Uhuu – uhuu!»

Ruck für Ruck drehte er den Kopf und blinzte hinüber zu den dunkelschwarzen Tannen; dann schloss er eine Weile die Augen und blieb starr wie ein Steinbild.

Da flatterte ganz nahe an seinem Kopf eine Fledermaus vorüber. Der Uhu riss die Augen auf und fauchte: «Das Flatterpack mit den dürren Flügeln; es stört mir die Nacht; es stört mir die Ruh – uhuu!»

Die Fledermaus flirrte um die Tannen, flatterte höher, flatterte tiefer. Aus einem hohlen Baumstamm kam eine zweite, unter einem alten Scheunendach flog die dritte heraus. Bald schwirrte bei den Tannen die Luft von schwärzlichen Flügeln. Die langen Ohren verstärken der Fledermaus jedes Geräusch, jeden Husch, jedes Knacken. Ängstlich ist ihr ums Herz; sie fürchtet sich vor dem Flimmern der Sterne; das Rieseln des Baches erschreckt sie. Und wenn gar der Uhu ruft, dann zittert sie in ihren hautigen Flügeln. Indes die Fledermäuse in schlotterndem Reigen um die Tannen jagten, reckte sich oben im Gemäuer der Uhu. Er spannte die Flügel und rollte die kalten Augen. Ein Ruck – und er flog in die kühle Nachtluft. Seine Krallen wollten packen, sein krummer Schnabel etwas Lebendiges hacken. Still wie die Nacht schwebte er den Tannen zu. Der Uhu wusste wohl: es ist nicht leicht, eine fliegende Fledermaus zu haschen. Schon war er ganz nahe bei den Tannen, da kam eben eine über den Wipfel geschwirrt. Mit kräftigen Schlägen setzte der Uhu ihr nach. Gleich wollte er mit den Krallen zugreifen, da traf ihn ein kalter Flügelschlag kräftig vor die Augen, und schon war die Fledermaus entflohen. Mürrisch schwebte der Uhu tiefer über den Erdboden hin. Hier stieß er auf eine Maus, die hatte keine Flügel. Ein Griff, und sie zappelte in seinen Krallenfüßen. Oben auf der Tanne hat er sie verzehrt.

Als der Mond hinter den Berg gesunken war und der erste Dämmerschein den Morgen ankündete, saß der Uhu in einer Steinhöhle der Bergfluh. Er schloss vor dem nahenden Tag die Augen und schlief ein. Im hohlen Baume hängte sich die gehetzte Fledermaus auf. Sie hüllte ihre graue Flügelhaut sorgfältig um und um, dass durch keine Falte ein Lichtschein dringe, und ihr träumte von einem furchtbaren Gespenst, dem sie diese Nacht entflohen war.

Der Morgen brach mit aller Kraft durch. Alsbald fingen in Gebüsch und Bäumen die Vögel zu pfeifen an, und die Amsel sang ihr Lied ins Morgenrot, den Kopf der steigenden Sonne zugewendet …

Fliege, Spinne und Hummel

Vor einer Scheune saß eine dicke Fliege auf einem Kuhfladen und tat sich gütlich. Erst hatte sie im Felde auf einem Ackergaul gesessen, dann im Bauernhaus auf dem Tisch, woran der Bauer Brot und Käse aß und Kaffee trank, als er vom Pflügen ein wenig rastete.

«Ich bin gern dabei, wo es was zu fressen gibt», sagte sie, «aber noch lieber, wo's stinkt!»

Und sie flog hinaus zum mächtigen Misthaufen, der vor dem Stall sich türmte.

Unter dem Scheunendach hatte am frühen Morgen die große Kreuzspinne mit viel Fleiß ein schönes Netz gesponnen. Die Fäden glitzerten im Sonnenlicht und zeichneten eine helle Strahlenfigur in die Luft. Still und regungslos saß die Spinne in der Netzmitte und hielt an acht Beinen die Fäden gespannt. Noch war keiner verdorben, keiner zerrissen, aber auch keine Fliege, keine Mücke gekommen den halben Tag. Jetzt flog beim Misthaufen die Fliege auf. Ohne Weg und Ziel surrte sie brummend herum, und richtig – sie klebte im Spinnennetz. Blitzschnell schoss die Spinne auf sie zu, umwickelte ihre Flügel und Beine mit klebrigem Faden. Half kein Summen, half kein Surren, sie musste Blut und Leben lassen.

Und wieder hing die Spinne mitten im Netz, Stunde

um Stunde. Gegen Abend kam eine dicke Hummel brummend geflogen, von Honigsaft schwer. Wie sie unter dem Scheunendach dahinflog, streifte sie das Netz. Einige Fäden zerrissen. Die Hummel wurde durch das Hindernis aus ihrer Flugbahn geworfen und landete auf einem Balken, woran einige Fäden des Netzes endigten. Die Spinne suchte hin und her. Da musste doch eine ganz dicke Fliege hineingeflogen sein! Als sie die zerrissenen Fäden bemerkte, begann sie zu schimpfen und warf zornige Blicke nach allen Seiten:

«Hat da jemand mein Netz zerrissen und ist einfach davongeflogen!» Die Spinne war empört.

Da bemerkte sie unten auf dem Balken die Hummel. Sie rief hinunter: «Hast du meine Fäden zerrissen? Komm herauf, ich will dich wickeln!»

Denn die alte Spinnenmutter hatte ihr einmal gesagt: «Nur im Netz bist du stark!»

Die Hummel antwortete: «Du kommst mir gerade recht, du hinterlistiger Schlingenleger! Da will man zufrieden seinen Honig nach Hause tragen, und du spannst deine Fäden mitten durch die Luft. Schade, dass ich kein Fleischfresser bin, da würde ich dich zerbeißen!»

Der Spinne verschlug es die Sprache. Endlich fand sie wieder Worte: «Du freche Dickfliege! Ich will dir meine Zangen zeigen!»

Rasch glitt sie an einem Faden hinunter in die Nähe der Hummel, um sie in einem plötzlichen Anlauf zu überwältigen. Die Hummel war noch damit beschäftigt, einen Klebfaden des Netzes von ihrem Kopfe zu bürsten. Da schoss die Spinne wie ein Blitz auf sie, kroch auf ihren Buckel und wollte sie mit den Beinen umschlingen. Jetzt kam sie an die Falsche! Eine kleine Drehung: der Stachel der Hummel drang in den Spinnenleib. – Augenblicklich ließ die Spinne die Hummel fahren. Vor Schreck und Schmerz stieß sie ihre Beine so heftig vom Leibe, dass sie in weitem Bogen durch die Luft flog und auf dem Misthaufen vor der Scheune landete. Sie glaubte innerlich verbrennen zu müssen, so brannte das Gift in ihrem Leib. Sie versuchte mit zittrigem Krabbeln den Haufen zu verlassen. Nach wenigen Schritten musste sie sich immer wieder zusammenkrümmen.

«Wenn ich nur wüsste, was das für eine Haarpelzfliege war! Meine Mutter hat doch Recht gehabt, als sie mich lehrte:

«‹Packe nur, was im Netz zappelt. Nur im Netz bist du stark!›»

Oben beim Balken flog die Hummel auf und brachte gemütlich ihren Honig in die Höhle des alten Birnbaumes. Die Spinne kauerte unter ein Brett und brauchte den ganzen Tag, bis sie das Gift hinausgeschwitzt hatte. Dann suchte sie ihr Netz auf, flickte die halbe Nacht die zerrissenen Fäden und gelobte sich, nie wieder außerhalb des Netzes zu kämpfen. Und von Zeit zu Zeit brummelte sie:

«Nur im Netz bist du stark!»

Kuh und Spatz

Es war einmal eine Kuh, die graste gemütlich auf einer Wiese. Sie schlang ihre Zunge um Halme und Kräuter, rupfte ab, und bald war Gras und Blatt in den großen, finsteren Bauch geschlungen. Immer runder und voller wurde dieser. Noch ein paar Maul voll und sie legte sich gemächlich zur Erde nieder. Wie ihre Augen halb zufielen und sie das gefressene Gras wiederkauelte, flog ein Spatz in den nahen Baum. Er pfiff ein keckes Vagantenlied und hüpfte zwischen den Zweigen. Plötzlich erblickte er unter sich die Kuh, die zentnerschwer am Boden lag.

«Warte, du Fleischberg», dachte er, «gleich will ich dir ein rechtes Spatzenlied pfeifen; es ist ja unerhört, so plump in der Welt herumzuwackeln!»

Er wetzte den Schnabel am Ast und rief der Kuh spöttisch zu:

«Heda, dicker Grasfresser! Es ist auch besser, dass du

keine Flügel hast! Du würdest alle Bäume brechen und den Häusern die Dächer eindrücken!»

Die Kuh kaute weiter und machte dem Spatz nicht einmal Muh. Der war es nicht gewöhnt, dass man seiner Rede keine Aufmerksamkeit schenkte. Er hüpfte einen Ast tiefer und rief ganz spitz:

«Du bist ein dickes, faules Grasfass! Nichts anderes kannst du, als Wiesen abfressen und Blumen zertreten. Es ist nicht zu begreifen, dass auf der Erde solch hässliches Getier herumläuft!»

Ein wenig hob die Kuh das Haupt, bewegte ein Ohr und jagte eine Fliege weg. Das ärgerte den Spatz noch viel mehr, dass eine Fliege größere Beachtung fand als er, und er überlegte:

«Gewiss weiß die dumme Kuh nicht, was ich für ein prächtiger Bursche bin; gleich will ich ihr mit meinen Liedern eine Lektion geben.»

Also begann er laut zu zwitschern und zu pfeifen, dass selbst die Mäuse des Feldes in ihre Löcher verschwanden.

Die Kuh beachtete ihn nicht. Aber plötzlich richtete sie ihre Ohren nach vorne: Eben rief drüben vom Stall her der Knecht:

«Chumm, sä sä sä!»

Da erhob sich die Kuh und brüllte in die Luft ein lautes Muh! Der Spatz verstummte, flatterte erschrocken vom Baum auf und suchte das Weite. Bald darauf schäumte im Stall die herrliche, weiße Milch in den Kessel.

Stechfliege und Schwein

Eine gierige Stechfliege hatte sich auf Blätter, Steine und faule Stöcke gesetzt; aber nirgends war ein Tropfen Blut herauszubekommen. Und Blut wollte sie saugen: Pferdeblut, Menschenblut, Kuh- oder Schweineblut. Bei den Pferden hatte sie der Fuhrmannsbube mit einem Haselrütchen fortgejagt, als sie eben einstechen wollte. Die Kuh hatte ihr mit dem Schwanze eins ausgewischt. Jetzt flog sie auf ein Schwein, das grunzend in der Erde herumwühlte. Hier war weder Hüterzweig noch Schwanz zu fürchten. Zwischen dicken Borsten und Dreck stach sie den Stechrüssel in den runden Schweinsrücken. Die Sau fuhr mit dem Kopf herum, ringelte heftig den Schwanz, aber die Stechfliege flog nicht weg, sondern sog und saugte.

«Du großer Speckberg, du vierbeinige Blutwurst wirst mir wohl einen Tropfen Blut gönnen!», rief sie und stach den zweiten Stich. Das war der Sau genug. Sie sprang zur größten Pfütze, legte sich hin und wälzte sich, dass es nur so platschte. Die Stechfliege aber, die vom Blut nicht so leicht lassen konnte, wurde jämmerlich begraben.

Das Schwein stand auf und grunzte: «Hab's gut gemacht! Hab's gut gemacht!»

Vor lauter Dreck konnte es kaum die eigenen Beine sehen. Doch war ihm so sauwohl, dass es sich längelang hinlegte, alle viere von sich streckte und einen dreistündigen Mittagsschlaf an der warmen Sonne genoss.

Hase und Maus

Beim Waldrand raschelte es leise im Laubgebüsch. Ein Hase hüpfte heraus, machte ein Männchen und horchte mit seinen Löffeln nach allen Seiten. Als er nichts Verdächtiges merkte und es allmählich dunkelte, hoppelte er gegen einen nahen Kohlgarten. Er liebte die grünen Köpfe mit dem runden Gesicht, die so schön in Reih und Glied standen. Nebenan lag ein Rübenbeet; eben schlüpfte dort eine Maus zu ihrem Erdgange heraus. Sie hob schnuppernd die Nase, drehte die Äuglein und lief suchend herum, bis sie eine riesige Gelbrübe fand. Berghoch ragte diese über den Boden. Die Mauszähnchen setzten an und hatten bald so tief hineingeraffelt, dass ihre Nase samt den Augen ins Rübenloch verschwand.

Eben war beim äußersten Kohlhaupt der Hase angelangt. Er reckte den Kopf und fing leise an zu knabbern. Kaum hatte er jedoch ein Blättchen abgerissen, schwenkte er unruhig die Ohren nach allen Seiten. Die Maus hatte ebenfalls ein Geräusch vernommen und horchte auf.

«Lauert wohl die Katze auf mich?», dachte sie. «Gewiss hat sie eben mit der Tatze den Boden gestreift.»

Mäuschen blieb stille und ließ das Nagen sein.

Der Hase, als seine Ohren nichts als den fernen Bach rauschen hörten, meinte: «Die Luft ist still, die Luft ist gut; jetzt fress ich, was ich fressen mag. Alle Kohlköpfe sind mein; da hat mir weder Bauer noch Fuchs noch Jäger zu befehlen!»

Tief schlug er seine Zähne ins grüne Kraut, schüttelte den Kopf und riss ein freches Maul voll heraus. Wie die Maus das scharfe Geräusch hörte, meinte sie, die Katze sei schon im Sprunge, und gab einen gellenden Pfiff von sich und verschwand ins Loch.

«O weh!», rief der Hase, «die Jägerkugel pfeift mir schon um die Ohren!»

Hui, ging's über Kartoffeln und Klee zum Wald hinauf. Noch lange schlotterte tief in den Haselbüschen das Hasenherz.

Drinnen in ihrer Höhlenwohnung strich sich die Maus mit den Pfötchen über die Schnurrhaare und kicherte:

«Gelt, dir bin ich wieder einmal entronnen, du Teufelskrallenkatze!»

Eichhörnchen und Kröte

Durch Tannäste rieselten bräunliche Schuppen auf den Waldboden herunter. Einmal war's still, und wiederum knabberte es oben in einem Wipfel. Ein Eichhörnchen beschäftigte sich damit, aus einem Tannzapfen die Samen herauszubeißen. Als es ihn fast völlig zernagt hatte, warf es den Stummel von sich. Es putzte die Schnauzhaare und sprang vom Tannen- zum Buchenwäldchen in Bogen und Schwung von Ast zu Ast. Im Luftsprung schwenkte es den Schwanz wie ein Fähnchen, und hurtig ging's der Erde zu, wo mehr Buchnüsschen als Steine herumlagen. Schnell ein Männchen gemacht, den Fuchs zu hören, den Raubvogel zu merken – keine Gefahr! Nun krabbelten die winzigen Füßchen bei einer alten Buche, deren Wurzeln sich wie dicke Schlangen in den Boden hineinwanden. Dürre Blätter und Erdkügelchen flogen weg, und bald war eine stattliche Vertiefung gegraben. Flink fassten Eichhörnchens Zähne die Nüsschen und warfen sie in den Wurzelkeller. Als er ordentlich zugefüllt war, scharrten die Pfötchen Erde und dürres Laub über den Schatz, den Eichhörnchen für den langen Winter zurüstete. Wie es diese Arbeit beendet hatte, sprang es in einigen Sätzen gegen den Waldrand zu den Haselbüschen. Nahebei war ein alter, fauler Baumstrunk, der eine große Höhlung hatte. Eichhörnchen hüpfte herbei, um ihn als Versteck zu prüfen. Jedoch seit letzter Nacht hockte eine dicke, schleimige Kröte im Wurzelloche. Den ganzen Tag war sie nie weggegangen. Starr glotzten ihre Augen ins faule Holz. Eichhörnchen kommt eben herbeigesprungen und erblickt den glitschigen Krötenbalg.

Aber auch die Kröte gewahrt den muntern Besuch und spuckt giftig hervor: «Das ist mein Platz!»

Sie drückte ihre Augen weit heraus und fuhr fort: «Wo ich hocke, hat niemand etwas zu suchen. Weg von hier, du haariger Baumzwirbel!»

Wie die Kröte also schimpfte, stellte Eichhörnchen ein Männchen, lachte mit den Ohrspitzen, schüttelte den Schwanz und sprach: «Du schleimige alte Tante; unter deinem Bauche will ich gewiss keine Nüsschen vergraben, da würde mir der Appetit vergehn!»

Sprach, und schwupp hupp, sprang's in den obersten Wipfel.

Zornig geiferte die Kröte hinterher: «Dies freche Baumvolk soll nur oben bleiben und die Wolken angucken. Wo ich hocke, gehört die Erde mir!»

Sie senkte sich noch tiefer auf ihre krummen Beine, dass der Bauch behaglich auf dem Boden lag, und glotzte weiter ins faule Holz.

Ameise und Blattlaus

Die Blattlaus sitzt nicht nur auf Blättern herum, wie ihr Name sagt; sie liebt es vor allem, an Blumenstängeln, nahe der Blüte, sich festzuklammern. Kleiner als ein Stecknadelkopf hält dieses Tierchen sich stundenlang still, als ob es selber ein winziges Pflanzenblatt wäre. Reichlich strömt der Blüte von unten herauf nährender Saft zu. Oben am Stängel dringen oft winzige Tröpfchen durch die zarte Haut heraus. Diese süßen Tröpfchen sind die einzige Freude, die der Blattlaus auf dieser Welt beschieden ist. Daher saugt sie sie auch mit großer Liebe ein, jeden Tag etwas mehr, bis sie nach und nach ein rundliches, grünes Saftfläschchen wird. Die Beine kann man mit bloßem Auge kaum sehen, ebenso wenig die paar Haare, die sie wie stolze Stacheln auf dem Rücken trägt. So dick und prall wird ihr Leib, dass sie kaum mehr laufen kann. Oft ist eine große Schar beisammen, vom kleinsten Kind bis zur dicken Urgroßmutter, und alle naschen den Pflanzensaft.

Eine solche Blattlausfamilie war einmal beisammen unterhalb eines Blütenkelches. Da stieg vom Boden her eine Ameise hastig den Stängel aufwärts. Sie trug im Sinne, aus der Blüte Nektar zu holen, um davon den jungen Ameislein ins Reich des dunklen Hügels Nahrung zu bringen. Wie sie beinahe die Blüte erreicht hatte, stockten ihre Zappelbeine. Sie war mitten in die Blattlausfamilie hereingetreten. Unter ihren Füßen begannen die grünlichen Burschen zu wackeln. Schon wollte die Ameise über das Hindernis schimpfen und mit den Kieferzangen zubeißen, als ihr plötzlich ein angenehmer, süßer Duft entgegenwehte. Siehe, gerade neben ihr hatte eine Blattlaus vor Angst einen dicken, süßen Safttropfen von sich gegeben und ihr vor die Beine gelegt.

Leise ließ sich ein Stimmchen vernehmen: «Nimm diesen Tropfen, aber lass uns in Ruhe, sonst fallen wir in eine schreckliche Tiefe hinunter.»

Die Ameise ließ sich nicht zweimal einladen; der Duft war zu verlockend. Begierig sog sie den Saft ein.

«Ei, das sind ja herrliche Tierchen», dachte sie und befahl: «Heda, ihr saftigen Läuse, gebt noch mehr Honig her!»

Aber keine Blattlaus regte sich und kein Tropfen floss mehr.

«Die haben wahrscheinlich keine Ohren», dachte die Ameise, «mit denen muss man anders sprechen!»

Sie klopfte einer der dicksten Läuse mit dem Fühler unzweideutig auf den Rücken. Wirklich, sogleich kam eine Saftperle zum Vorschein. Kaum war die Süßigkeit geschlürft, geriet die Ameise in eine wahre Blattlausbegeisterung. Von einer zur andern ging sie. Vorerst klopfte sie; aber wie die

Gabe reichlicher genossen war, ging nach und nach ihr Pochen in ein sanftes Streicheln über. Am liebsten molk sie die ältesten Kühe, bei diesen war der Erfolg riesig.

Aber auch der hungrigsten Ameise sind Grenzen des Genusses gezogen. Als ihr praller Leib schon nichts mehr aufnehmen konnte, kam ihr eine bisher verborgene, äußerst dicke Blattlauskuh vor die Fühler.

«Wie schade, dass ich nicht mehr melken mag», sprach die Ameise.

Da kam ihr ein Gedanke: Kurzerhand packte sie die Riesenlaus mit ihren Kieferzangen und trug sie den Stängel abwärts in den Ameisenhaufen. In einem dunklen Kämmerchen ließ die Ameise die Blattlaus frei und holte gleichen Tages noch eine Schar anderer herbei. Von da an gingen die Ameisen jeden Tag in den Blattlausstall, um die süßen Kühe zu melken. Aber bald schrumpften diese mehr und mehr zusammen, und weder Streicheln, Pochen noch Beißen brachte den begehrten Trunk zu Tage. Da zerbissen die Ameisen die geschrumpften Häute und verschluckten sie samt Haar und Bein; denn Ameisen halten in ihrem Stocke auf Ordnung und Reinlichkeit. Das ist Ameisenliebe!

Schwalbe, Fischlein und Groppe

Ein Fischlein schwamm im klar blauen See, ganz nahe dem Wasserspiegel, der heute besonders glatt war. Kein Windhauch strich darüber. Tief unter dem Fischlein breitete sich der dunkle Seegrund; von oben schien die helle Sonne herab. Durch das Wasser strahlte sie eine zarte Wärme, die dem Fischlein gar sehr behagte. Es schwamm so hoch, dass seine Rückenflossen den Wasserspiegel leicht kräuselten. Wie es aufschaute, gewahrte es einen Vogel, der luftig im Blauen pfeilte. Es war eine Schwalbe. Ihre weiße Brust flitzte bald höher, bald tiefer über dem Wasser.

Verwundert schaute das Fischlein dem tollen Spiele zu und meinte: «Das ist ein schneller Fisch, der da oben herumschwimmt; wie hat er mächtige Flossen! Da müssen meine noch tüchtig wachsen, bis sie so groß sind. Ach, könnt ich auch so munter schwimmen!»

In diesem Augenblicke streifte der Vogel im Tiefflug das

Wasser in der Nähe des Fischleins. Schnell rief es ihm zu: «Wart auf mich, lehre mich auch so schnell schwimmen!»

Es gab sich mit dem Schwanz einen Schwung und flog in einem Silberbogen über dem Wasser durch die Luft. Plumps, fiel es wieder hinein.

Die Schwalbe zwitscherte mit lustigem Ton: «Schau den Fisch, der will auch ein Vogel sein, zizizi … und er hat nicht eine einzige Feder!»

Dem Fischlein war es oben in der Luft frisch und munter zumute. Schon segelte die Schwalbe höher und ferner; es dachte:

«Der Luftfisch hat mich ausgelacht, weil ich wieder ins Wasser fiel. Das betrübt mich nicht; einen Sonnensilberbogen zu springen ist auch schön. Mag er lachen, so viel er will, ich versuch's noch mehr.»

Es schwang sich von Neuem empor und ließ die Silberschuppen im Sonnenlichte aufglänzen.

Des Springens müde, schwamm es nach einer Weile tiefer dem Grunde zu. Hier ruderte es zwischen Seepflanzen durch und hielt bei einem großen Stein still. Leise fächelten seine Flossen. Unter diesem Stein lag eine große Fisch-Groppe. Sie hielt sich darunter schon seit dem frühen Morgen versteckt; denn Groppen verkriechen sich, wenn's hell ist. Sie halten sich im Dunkeln still, bewegen bloß von Zeit zu Zeit das breite Maul auf und zu. Oft kommt ein Wasserkäfer oder ein kleines Fischlein ihnen als Beute zugeschwommen; dann verlassen sie ihren

Schlupfwinkel für einen Augenblick, solchen Besuch zu schnappen. Vom vielen Liegen ist ihr Bauch ganz flach, und ihre Haut wird schleimig und schlammig.

Als nun das Fischlein gegen den Groppenstein kam, bemerkte es den Steinducker nicht sogleich. Dieser guckte aus seinem trüben Orte hervor und prüfte, ob er herauspfeilen wolle, es zu verschlucken. Doch schien es ihm zu groß, und er fürchtete, es möchte ihm im Halse stecken bleiben.

Die Groppe brummte: «Hebe dich weg von meiner Höhle; hier ist nur kleiner Besuch willkommen!»

Das Fischlein strengte seine Augen an und blickte in die dunkle Öffnung unter dem Stein.

«Ei, du trüber Geselle», sprach es, «was hast du denn mit deinen Schuppen angestellt, dass sie gar nicht mehr glitzern? Schwimm hinauf zum blauen Spiegel und spring ein paar Mal ins Sonnenbogenland, dann werden sie wieder hell und klar!»

«Halt dein freches Fischmaul», brummte die Groppe, «mein Schmutz ist mir lieber als deine Flitter-Schuppen, ich mag sie nicht ansehn! Packe dich fort von hier!»

Sie wendete sich in ihrem Versteck um und streckte den Kopf tief unter den Stein. Das Fischlein schwamm von dem groben Burschen weg dem Ufer zu, um im Schilf zwischen den Halmen die Nacht zu verträumen.

Als die Sonne untergegangen war und der Abend herandunkelte, kam die Groppe halb schwimmend, halb kriechend aus ihrem Loch heraus. Sie bäuchelte über die Steine und suchte nach kleinen Wassertierchen. Bei einer engen Spalte konnte ein kleines Käferchen mit knapper Not ihrem Zuschnappen entfliehen und hineinschlüpfen.

«Komm heraus», schnauzte die Groppe, «du bist mein; in der Nacht fress ich alles, was mir begegnet!»

Der Käfer war nicht scheu und spottete: «Hole mich und beiße mich!»

Zornig fuhr die Groppe maulvoran in die Spalte und klemmte ihre Nase so tüchtig fest, dass sie weder vor- noch rückwärts kam und nicht einmal mehr schimpfen konnte. Lange zappelte sie vergebens mit dem Schwanz, um sich zu befreien. Dem Käfer wurde dieser Nachbar ungemütlich; aber er wusste nicht, wie ihn loswerden. Über eine Weile gewahrte der Wasserkäfer, dass der Himmel heller wurde; denn der Mond stieg langsam hinter einem Berge auf und warf seinen Schein über den See. Er wusste wohl, der Käfer, dass die Groppe das Licht fürchtete, daher rief er laut:

«Schau mal an, das war eine kurze Nacht, jetzt geht die Sonne bald auf, es wird Tag!»

Potz Blitz, wie da der Groppenschwanz zuckte und zappelte. Mit einem Rucke befreite sie den Kopf und schoss dann wie ein Pfeil ins geschützte Loch hinein. Lange blieb sie dort; aber was war das? Der Sonnentag wollte nicht kommen. Sie blinzte mit einem Auge unter dem

Stein herauf und sah den Mond am Himmel lachen. Jetzt merkte die Groppe, dass der Käfer sie genarrt hatte.

«Du falsche Welt!», rief sie, «du verdienst nichts Besseres, als dass man dir den Schwanz zuwendet!»

Die ganze Nacht und noch den folgenden Tag blieb sie verkehrt in ihrer Höhle. Nur so allmählich gegen Abend wendete sie sich wieder um, da der Hunger sie quälte.

Seither passt die Groppe noch viel schärfer auf Käferbeine auf, und selbst dem Mond ist sie in jener Nacht gram geworden – warum hatte er an Käferfalschheit seinen Spaß gehabt und mitgelacht!

Ameise und Schnecke

Eine Wolke schüttete heftigen Regen über Land. Alles, was kriecht und fliegt, verbarg sich in Schutz und Schirm. Aber kaum hat der Regen nachgelassen, als aus Löchern und Winkeln das verscheuchte Leben wieder hervorkommt. Noch fallen in den Büschen letzte Tropfen zur Erde; da kriecht unter einem Haselbusch eine Schnecke zu ihrem Hause heraus und streckt ihre Fingeraugen nach allen Seiten tastend aus, erst die kleinen, dann die großen. Langsam, langsam geht ihr Weg, um Hölzchen, um Steine, über Blätter und Halme. Fällt aus dem Busch ein Wassertropfen auf die Kriecherin, so schrumpfen die Hörnchen ein. Es geht eine gute Weile, bis alle wiederum vorne sind.

Da läuft oben vom Tannenbaum eine flinke, bräunliche Waldameise herunter. Über Gräslein, Zweige und Steine krabbeln die hurtigen Beinchen. Bald rechts, bald links, hinauf, zurück und immer weiter. Jetzt verschwindet sie unter Buchenblättern. Wo ist sie hin? Dort, drüben bei den Tannenwurzeln krabbelt sie und schlägt schnurgerade die Richtung zum Gebüsche ein, wo die Schnecke ihren stillen Weg geht. «Was bist denn du für einer?», ruft Ameischen. «Habe mich schon gefreut, jetzt komme ein Stein, worüber ich klettern könne, und klebe mit meinen Füßen am Schleim, womit du mir Weg und Steg verschmierst. Nicht einmal guten Tag hast du gesagt!»

Gemächlich gab die Schnecke den Bescheid: «Ich grüße keinen Zappelkramser, der mir über den Buckel laufen will, um die reifen Erdbeeren vorwegzufressen.»

Die Ameise stand einen Augenblick still, hob den Kopf, und ihre Fühler zitterten. «Bist ein schlüpfriger Kerl!», schimpfte sie, «ziehst deinen Leib über allen Dreck und spottest eine Ameise aus, weil sie sechs Füße hat? Du weißt eben nicht, was schaffen und arbeiten ist, du schleimiges Faultier! Ich bringe den ganzen Tag Tannnadeln, Heuhälmchen und Käferchen ins Ameisenreich, sammle von Bäumen und Beeren guten Saft für meine kleinen Brüderchen im Nest, und du elende Schnick-Schnack-Schnecke weißt nicht einmal, wo deine Kinder aufwachsen! Kaum hast du Eier gelegt, verlässt du sie, kriechst auf und davon.»

In allem Schimpfen war die Ameise wütend hin und her gerannt und hätte die Schnecke am liebsten gebissen; aber ihr Schleim grauste sie. Als nichts mehr zu sagen war, hielt sie inne und schaute stolz zur Schnecke hinüber; aber die hatte längst Hörnchen um Hörnchen eingezogen und war ins Häuschen verschwunden.

«Hat sie nicht einmal meiner Rede bis ans Ende zugehört?», meinte die Ameise empört. «Ein Feigling ist sie und dumm wie ein Tannzapfen!»

Ameischen trippelte weiter.

Drinnen in ihrem Stübchen sprach die Schnecke bei sich selbst: «Mag sie draußen zappeln und schimpfen, so viel sie will; ich habe es gerne gemütlich und wandle meinen Weg, wie ich will. Wer gramseln kann, soll gramseln, wer schleimen will, tut schleimen.»

Die Schnecke mochte für heute keine neue Bewegung mehr haben; sie blieb im Häuschen und schlief ein.

Die Ameise lief weiter, kreuz und quer. Hinter dem Haselbusch stieß sie auf eine unreife Erdbeere von weißlich-grüner Farbe.

«O ja», zwinkerte sie, «wann die Schnecke hier einmal ankommt, wird die Beere gewiss schon überreif sein.»

Biene und Wespe

Wenn eine Biene einen Menschen sticht, bleibt der winzige Stachel in der Haut stecken. Ähnlich wie bei einer Fischangel ist ein Widerhaken daran, und der greift fest ins Fleisch. Daher bleibt nach dem Stich der Bienenstachel stecken. Wenn sich nun die Biene losreißt, so verletzt sie ihre Gedärme. Nur ein kleines Stück vermag sie weiterzufliegen und muss bald sterben. Man sagt, die Biene besinne sich, bevor sie steche. Sie tut es nur, wenn sie unachtsam gepresst wird oder wenn man gegen sie schlägt. Das erträgt sie nicht. Der Wespenstachel dagegen ist glatt wie eine Nadel; die Wespe kann ihn einstechen und zurückziehen, ohne Schaden zu nehmen; ja, sie kann ihre giftigen Stiche ein paar Mal nacheinander anbringen. Das merken die Buben, wenn sie mit einer Rute ein Wespennest stören.

Einmal kam eine Wespe bei einem Bach auf einen feuchten Stein zu sitzen. In der Nähe sog eine Biene Wasser auf, den Durst zu stillen; denn es war ein heißer Tag und die Blüten vom Winde ausgetrocknet. Die Wespe kam frech an ihre Seite getrippelt und spottete:

«Schau mal an, die Biene ist ein Wassersäufer geworden. Du hast recht, dass du nicht mehr Blumen besuchst. Ich habe nie begriffen, wie man tagein, tagaus für die ärmlichen Nektartröpfchen den Blüten so viel Ehre antut. Mir ist lieber, Holz zu knabbern, Früchte zu fressen und zusammenzustehlen, was süß ist.»

Die Biene schaute die Wespe von der Seite an. Sie kannte diese gelb geringelten Schelme. Erst gestern hatte einer versucht, in ihrem Stock einzubrechen, um in den Honigtöpfen zu schmausen. Bienen sind aber immer freundlich, wenn sie nicht gereizt werden, und so sprach sie:

«Liebe Wespe, komm mir nicht zu nahe; ich weiß, wie gerne du zanken tust. Du frägst, warum ich Wasser trinke? Das ist mir lieb für den Durst; für Speise werde ich heute Abend zu den schattigen Waldblumen fliegen.»

«Du bist eine zimperliche Schwester», meinte die Wespe, «man merkt, dass du nie eine kräftige Nahrung bekommst. Komm heute mal mit mir, ich zeige dir, wo du einen See von Honig findest. Hab keine Furcht; wenn es dir nicht passt, kannst du immer wieder davonfliegen!»

«Einen See von Honig», dachte die Biene, «das wäre bei diesem trockenen Wetter nicht zu verachten. Gewiss würde mich die Königin loben, wenn ich an diesem armen Tage große Tracht eintrüge.»

Doch war sie immer noch misstrauisch; denn sie wusste, dass Wespen Landstreicher sind, und sie fragte:

«So sage mir, wo weißt du einen Honigsee?»

«Mehr als einen kenne ich», prahlte die Wespe, «flieg mit mir dem Dorfe zu.»

Sie surrte mit den Flügeln, hob sich in die Luft, und ohne viel Gedanken folgte die Biene hinterher. Über den Häusern flog die Wespe suchend herum und senkte sich gegen ein Küchenfenster. Auf dessen Gesimse stand eine Schüssel mit Fruchtsaft. Die beiden setzten sich auf den Rand des Gefäßes und krochen einwärts zum süß duftenden Ufer hinab. Gierig schnappte die Wespe den Saft, und auch der Biene mundete das Getränk. Doch der glasierte Rand der Schüssel war sehr glatt. Plötzlich rutschte die Wespe aus und fiel in den Saft hinein. Sie zappelte herum, erhaschte ein Vorderbein der Biene und zog auch diese in das süße Bad. Das gab ein Zappeln. Hundertmal versuchten sie den Rand zu ersteigen; aber nirgends fanden sie Halt. Nach Stunden wurden die Bewegungen langsamer. Plötzlich knarrte das Fenster; die Köchin wollte die Schüssel hereinnehmen. Als sie die schwimmenden Nascher sah, wurde sie böse. Mit einem Löffel fischte sie erst die Wespe heraus, strich sie auf das Gesimse und zerdrückte sie mit einem Schlag. Dann fischte sie zum zweiten Male. Wie sie bemerkte, dass es eine Biene war, schaute sie etwas freundlicher drein; denn die Köchin aß gerne Honigschnitten.

Sie sprach zur Biene: «Wie kommst du mit diesem Räuber in meine Schüssel, statt zu den Blumen zu gehn? Schlecke deine Flügel sauber und fliege heim!»

Die Köchin nahm die Schüssel herein und schloss das Fenster. Die Biene lief auf dem Gesimse umher und streifte den Saft nach und nach von den Beinen. Danach putzte sie mit vieler Mühe die Flügel und flog, als es dunkelte, zu ihrem Volk zurück. Drinnen erzählten die Bienenschwestern einander die Erlebnisse des Tages. Eine berichtete von den duftenden Waldblumen mit kleinen, weißen Sternen, eine andere von Tannenhonig, den sie gefunden. Nur unsere Biene berichtete an diesem Abend nichts von ihren Taten und schwor, nie wieder einer Wespe zu folgen.

Glühwürmchen und Kröte

In warmer Sommernacht kroch ein Glühwürmchen leise aus dem Gebüsch. Sein grünes Licht schimmerte im Wiesengrund, leuchtete zwischen Gräsern und Blumen. Ein Nachtvogel flog über Feld und meinte, es sei ein Sternfunke vom Himmel auf die Wiese gefallen. Stille wanderte das Schimmerlicht gegen ein nahes Bächlein. Einmal verschwand es unter Blättern, hielt sich eine Weile verborgen; dann kroch es einen Stein hinauf, der nahe beim Wiesenbach sich wie ein Berg über die Gräser erhob. Oben angelangt, grüßte der Glühwurm Mond und Sterne.

Nach einer Weile kam gegen diesen Stein eine alte Kröte gekrochen. Sie blieb auf dem moosig-feuchten Grund sitzen und stützte sich behaglich auf ihre krummen Beine. Ab und zu spritzte vom Bache nebenan ein Wassertropfen auf ihren glitschigen Buckel; dann verzog sie ihr breites Maul und grinste. Nachdem sie den Boden, das Moos und den Stein genügend beglotzt hatte, hob sie den Kopf aufwärts und erblickte über sich den Glühwurm. Solch leuchtende

Nachbarschaft war ihr verhasst, und sie schimpfte: «Findet man nirgends einen einsamen Ort, muss überall etwas Ärgerliches die gemütliche Ruhe stören?»

In ihrem Zorne spuckte sie giftig auf den Stein hinauf. Der Glühwurm wäre vor Schrecken bald erloschen. Er schaute vom Steine hernieder ins Dunkle, konnte aber die Krötengestalt kaum erkennen.

Er wisperte: «Was hab ich dir getan, dass du mir so unfreundlich begegnest? Niemand tu ich ein Leid an!»

Da knurrte die Kröte: «Es ist schlimm genug, dass du überhaupt hier bist. Was hast du hier auf der Erde herumzulichtern?»

Schüchtern antwortete es von oben: «Ich trage mein Licht den Blumen und Gräsern zur Freude durch die Sommerwiese und grüße die Sterne.»

Ob dieser Antwort wurde die Kröte noch giftiger, und sie geiferte: «Pack dich hinauf an den Himmel, von wo du hergekommen bist. Das wäre mir, wenn jetzt die Sterne auch noch unten auf der Erde herumkriechen wollten!»

Glühwürmchen dachte: «Es ist wohl besser, in den Wiesen zu leuchten, als mit diesem Giftspucker herumzuzanken!»

Es krabbelte vom Stein herab, und bald wanderte sein grünes Licht wieder still unter den duftenden Blumen der nächtlichen Sommerwiese.

Hamster und Wurm

An einem Herbstmorgen kam die dicke Hamstermaus herauf auf den Rübenacker. In der Nacht war ein Frost über das Feld gegangen, und es fror sie an den Pfoten.

Sie sprach: «O weh! Der Winter kommt; noch habe ich nicht genug Vorrat angelegt. Schnell muss ich in der Erde eine letzte, große Kammer graben.»

Also fuhr die Hamstermaus in ihr Loch zurück und begann tief im Boden einen neuen Gang zu graben. Plötzlich stieß sie auf einen Wurm.

«Platz gemacht!», fuhr sie ihn an, «hier muss ich durch!» Der Wurm erschrak zuerst, denn er meinte, der Maulwurf komme herangefahren. Dann aber beruhigte er sich und dachte: «Er ist es nicht, sonst wäre ich schon gefressen.»

Zornig fuhr ihn der Hamster von Neuem an: «Hast du denn keine Kammern zu graben und für den Winter vorzusorgen, dass du hier herumliegst und mir mit deiner Faulheit den Weg versperrst?»

«Ich brauche keinen Vorrat», meinte der Wurm, «wenn ich Hunger habe, schlucke ich Erdkügelchen.»

«Du Dreckfresser», spottete der Hamster, «sage mir, was schluckst du denn im Winter, wenn der Boden gefroren ist? Komm dann nicht zu mir ein Rübchen betteln!»

Der Wurm antwortete: «Behalte dein Gemüse für dich selbst; im Winter schlafe ich.»

«So, so», sprach der Hamster, «gehörst du auch zu dieser schläfrigen Gesellschaft. Nun pack dich zur Seite, gib Platz.»

Der Wurm kroch in tiefere Schollen, und der Hamster grub eine geräumige Kammer. Drei Tage später hatte er sie mit Rübchen und Kartoffeln angefüllt.

Als der erste Schnee den Acker bedeckte, beschaute der Hamster seine Kammern, schmauste hier und dort einen saftigen Bissen und schmunzelte: «Jetzt soll's dort oben frieren und schneien, wie es mag, ich habe meine Sachen. Ich bleibe dick!»

Oktober, November, Dezember vergingen; Januar, Februar kamen heran. Leerer wurden die Kellerräume. Eines Tages wollte der Hamster durch einen Gang hinaufstoßen, um zu merken, ob nicht bald Frühling sei. Aber wie er mit der Nase hochkam, steckte sie im Schnee. Schnell fuhr er zurück und rieb sie mit den Pfötchen. Dann aber griff er an seinen Leib und murmelte:

«O du armes Bäuchlein, jetzt gibt's nur noch das halbe Essen.»

Bald waren Kartoffeln und Körner verzehrt, lagen nur

noch einige Rübchen herum. Wiederum schnaufte der Hamster den Gang hinauf, wiederum stak die Nase im Schnee. Unten jammerte er:

«O du arme Hamstermaus, jetzt gibt's nur noch ein Viertel.»

Als das letzte Rübchen weg war, probierte er oben noch einmal sein Glück; doch der Schnee war nicht gewichen.

«Ich armer Teufel», seufzte er, «was soll ich tun?»

Merkwürdig, plötzlich kamen ihm die Worte in den Sinn, die im Herbst der Wurm zu ihm gesprochen, und er dachte: «Wäre ich nur auch ein Wurm!»

Er probierte einige Erdkügelchen herunterzuwürgen, bekam aber Leibschmerzen. Also hungerte er einige Wochen, bis von seinem stolzen Bäuchlein alles Fett geschwunden und oben der Schnee geschmolzen war.

Als nach warmen Tagen der Hamster dem Wurm begegnete, war er noch sehr mager, aber keck wie früher, und er sprach: «Hast du jetzt ausgeschlafen, armseliger Dreckfresser? Da hab ich die schönere Winterszeit verlebt, bei Rüben, Kartoffeln und Korn!»

Der Wurm lächelte zufrieden bei sich selbst und meinte freundlich: «Ich wünsche dir eine ebenso schöne Sommerszeit, Herr Hamster, und dass dein Bäuchlein wieder Vollmond kriegt!»

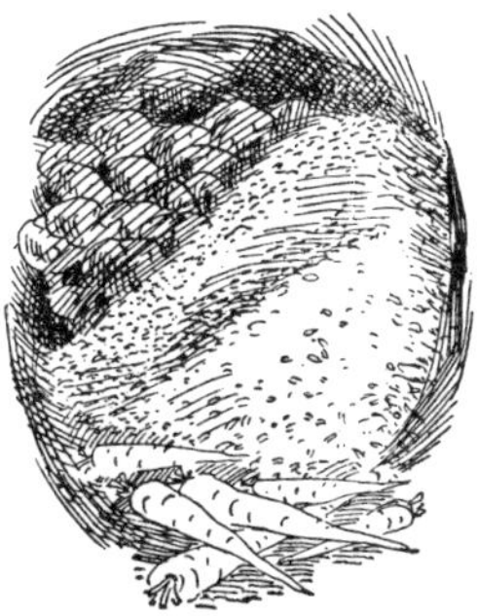

Der Schmetterling

Es war einmal ein Schmetterling, der flog mit müden Flügeln über eine Wiese. Ein feiner Regen rieselte vom Himmel und nässte sein Farbenkleid. Seine Schwingen wurden schwer, und er sank zwischen Gräsern auf den Wiesengrund. Fast aller Sonnenstaub war von seinen Flügeln abgewaschen. Noch einmal versuchte er mit aller Kraft sich aufzuschwingen, aber vergebens. Etwas später trippelte er einer Pflanze zu und legte unter eines ihrer Blätter ein paar winzige Eilein. Weil die schwachen Flügel ihn nicht mehr zu tragen vermochten, faltete er sie zusammen, ward stille und träumte von Blumen und Sonnenschein. Ein starker Regen schlug ins Feld. Als der kühle Nachtwind über die Wiese wehte, starb der Schmetterling.

Die kleinen Eilein waren der Mutter Erde ans Herz gelegt. Bei Tag schien ihnen die Sonne warm, bei Nacht wärmte von unten die Erde. Vor Regen schützte das grüne Blatt, und so waren sie fein geborgen. Das Lebenslicht des alten Schmetterlings war erloschen; aber in jedem Ei, das er gelegt hatte, glühte ein Lebensfunke. Schon nach Tagen regte und bewegte es sich unter den zarten Häutchen. Wie einmal der Sonnenstrahl warm um das grüne Blatt der Pflanze spielte, merkte er das verborgene Leben und rief:

«Komm heraus, komm heraus!»

Da drängte und spannte es im Ei. Das Häutchen riss. Heraus kam ein zartes Räupchen, ein wenig gelblich, fein getupft und so glatt wie ein Seidenfaden. Es kroch gegen ein grünes Blatt; das wurde sein Garten, war ihm Haus und Tisch. Es merkte, dass besonders am Rande des Blattes gut zu fressen war. Dort nagte es kleine Zacken aus.

Als nach ein paar Tagen das halbe Blatt ausgezackelt war, rief der Sonnenstrahl: «Geh weiter fort in die grüne Welt!»

Nun kroch das Räupchen von Pflanze zu Pflanze. Nicht alle waren ihm gleich lieb, nur bei jenen verweilte es längere Zeit, die dem ersten Blattgarten verwandt waren. So wurde nach Wochen aus dem Räupchen eine große Raupe. Lange Haare waren in Büscheln über den Rücken gewachsen, dunkelbraun von Farbe; dazwischen glühten rote Tupfen hervor.

Der Sommer ging zu Ende. Herbstwind wehte kühl über die kurzen Gräser.

Da sprach der Sonnenstrahl zu ihr: «Such dir einen stillen Ort, such ein kleines Kämmerlein!»

Zwischen Steinlücken schlüpfte die Raupe folgsam zur

Mutter Erde hinab; ihr bangte vor der Finsternis, und sie flüsterte:

«Mutter Erde, nimm mich zu dir; die Sonne hat mich weggeschickt aus der grünen Welt.»

Tröstend antwortete aus der Tiefe die Stimme der Erdenmutter:

«Sei nicht traurig, dass du die grüne Welt verloren hast; der Sonnenstrahl hat dir gut geraten. Bleibe bei mir, zieh dein Kleid aus, es ist ja schrumpfig und alt. Schlafe ein, meine Elfenkinder wollen dir schöne Träume weben.»

Merkwürdig, als die Raupe ihr Kleid abgestreift hatte und stille ruhte, wurde ihr um und um so hart, wie wenn die Haut zu Holz würde. Kaum konnte sie ein wenig herumzucken. Sie glaubte ersticken zu müssen und wollte der Mutter Erde zurufen: «Hilf mir, ich muss sterben!», aber schon lag sie in einem tiefen, tiefen Todesschlaf. Die Haut war zum harten, hornigen Sarge geworden.

Als winters Schneeflocken die Erde bedeckten, Sternschnuppen am Nachthimmel aufleuchteten, geschah ein Wunder im Raupensarg. Mit heimlichen Händen woben zarte Elfen ein Himmelskleid in der kleinen, stillen Grabkammer, sie woben den Glanz der Sterne, die Farben des Regenbogens hinein.

Frühlings Sonnenkraft zerschmolz den Schnee. Tief in den Erdboden hinein wurde es warm. Auf den Wiesen erschlossen sich die Blumen dem Lichte. Als ihr Farbenschein über der Wiese leuchtete, sprang im Boden der überwinterte Sarg auf. Wo die Raupe gestorben war, erwachte ein Schmetterling. Durch eine schmale Öffnung zwischen Erde und Steinen schlüpfte er trippelnd dem Lichte entgegen.

Aus der hellen Welt sang es: «Komm zu uns! Komm zu uns!»

Das war Blumensprache. Die Blumen hatten der Sonne geklagt: «O Sonne, könnten wir doch zu dir hinauffliegen und einen Himmelsgarten um deine Strahlen kränzen!»

Da sprach der Sonnenstrahl: «Ich muss über Länder, über Meere wandern. Wartet eine kleine Zeit, dann kommt mein Sonnenvogel zu euch; der erzählt euch von den Sternen und vom Regenbogen!»

Eben flatterte beim Stein der Schmetterling in die Luft, flog zu den Blumen und war fortan ihr liebster Bruder.

Fledermaus und Mauerschwalbe

Eine junge Mauerschwalbe war schon eine Weile aus dem Neste ihrer Eltern ausgeflogen. Bald übernachtete sie in einer Spalte des alten Schlossgemäuers oder zwischen aufgeschichteten Hölzern. Schon lange suchte sie nach einem geschützten Ort. Eines Abends fand sie unerwartet in der Schlossmauer den Eingang zu einer kleinen Höhle. Da es dunkelte, trippelte sie hinein und fühlte, wie sie drinnen vor allem Winde geschützt war und vor der Nachtkälte.

«Wie herrlich! Hier kann ich morgen beginnen, ein Nest zu bauen!»

Zufrieden drückte sie sich in eine kleine Vertiefung. Glücklich schloss sie die Augen und war eben am Einschlafen, als ihr jemand unsanft über den Kopf strich und verschwand. Erschrocken tat sie einen Hüpfer und fragte: «Wer ist da?»

Niemand antwortete. Nun kletterte sie in der kleinen Höhle herum, pickte hierhin und dorthin; aber sie hackte überall auf Stein.

«Geträumt hab ich nicht. Meine Kopffedern sind noch ganz zerzaust. Ich will die ganze Nacht gut aufpassen. Vielleicht hat ein Mauerschlänglein mich gestreift und hat sich wieder verkrochen.»

Es ging aber nicht lange, so schlief sie ein.

Wer hatte wohl die Mauerschwalbe gestreift? Natürlich die Fledermaus, die hier in der Mauerhöhle über Tag hauste.

Als der Morgen dämmerte, wurde die Schwalbe unsanft geweckt. Ganz heftig schlug ihr etwas zwei-, dreimal um den Kopf und war wieder weg.

«Zizibee!», rief sie unwillig.

«Wer schlägt mir um den Schnabel?»

Da vernahm sie von oben eine feine, hohe Stimme: «Wer bist du? Was tust du hier in meiner Höhle? Ich bin die Fledermaus und wohne hier schon ein langes Jahr!»

Weil die Morgendämmerung ein wenig in die Höhle hineinschimmerte, gewahrte die Mauerschwalbe über sich etwas Dunkles. Es hing an der Decke und schaukelte hin und her.

Nein, diese schöne Höhle wollte sie nicht räumen, und sie rief hinauf: «Ich kann picken und Augen aushacken!»

Von oben piepste es: «Ich kann beißen und Blut saugen!»

Dann war es eine Weile ganz still in der Höhle. Die Mauerschwalbe hielt sich zusammengeduckt. Die Fledermaus hing kopfabwärts und schaukelte nicht mehr.

Die Mauerschwalbe wollte gar nicht picken. Die Fledermaus wollte gar nicht beißen. Es war so stille in der Höhle, dass man von draußen die ersten Vögel singen hörte. Nach einer sehr langen Weile fragte die Mauerschwalbe zögernd: «Fledermaus, bist du immer in der Nacht auswärts? Ich bin am Tag auswärts. Eigentlich hätten wir beide hier

Platz. Die Höhle ist groß. Du hängst oben. Ich sitze unten. Wenn du einverstanden bist, picke ich nicht.»

Die Fledermaus wisperte: «Ich bin's zufrieden. Am Tage schlafe ich fest, und du fliegst draußen herum. In der Nacht schläfst du fest, und ich fliege draußen herum. Einverstanden? Ich beiße dich nicht und sauge dein Blut nicht. Die feinen Nachtmücken sind meine Speise. Du kannst die Tagmücken jagen.»

«Einverstanden!», bekräftigte die Schwalbe. Da es etwas heller geworden war, fragte sie: «Wo hast du Nachtvogel denn deine Federn? Du hast ja nur so Haut!» Die Fledermaus hüllte sich etwas beschämt in ihre Hautflügel und sagte: «In der Nacht braucht man keine Federn!»

Die Mauerschwalbe war sehr erstaunt und sagte: «Aber am Tage, da braucht man sie. Eines muss ich dir noch sagen: Wenn du ausfliegst oder heimkehrst, so schlag mir deine Flügel nicht dreimal um den Schnabel, sonst muss ich picken!»

«Nein, nein! Ich will fein Acht geben und ganz leise an dir vorbeischlüpfen.»

Und von da an lebten Mauerschwalbe und Fledermaus so zufrieden und lieb beieinander, sagten einander guten Abend, guten Morgen und wechselten sich friedlich ab im Tagmückenfang und im Nachtmückenfang.